슬기로운 열두 달 초등 교실

슬기로운 열두 달 초등 교실

초판 1쇄 인쇄 2025년 4월 23일
초판 1쇄 발행 2025년 4월 30일

지은이 양경윤·곽초롱

발행인 장상진
발행처 (주)경향비피
등록번호 제2012-000228호
등록일자 2012년 7월 2일

주소 서울시 영등포구 양평동 2가 37-1번지 동아프라임밸리 507-508호
전화 1644-5613 | **팩스** 02) 304-5613

ISBN 978-89-6952-618-2 03370

· 값은 표지에 있습니다.
· 파본은 구입하신 서점에서 바꿔드립니다.

슬기로운
열두 달
초등 교실

양경윤·곽초롱 지음

경향BP

무너지지 않는
교실의 비밀

교직 10년 차에 교실붕괴가 일어났습니다.

아이들은 날마다 싸우고 수업은 엉망이었습니다. 학생 하나를 놓치자, 감당하기 힘든 학생은 얼마 지나지 않아 둘이 되었고, 또 다시 셋이 되었습니다. 질서가 무너진 교실에선 모두가 불행했습니다. 어디서부터 꼬인 매듭을 풀어야 할지 막막했고 포기하고만 싶었습니다. 버티고 버티다 병을 얻었습니다. 병가를 들어갔습니다. '열심히, 성실하게 했는데, 왜 이런 결과가 되었을까?' 억울했습니다.

늘 파김치가 되어 퇴근하는 삶이 싫었습니다. 오늘은 학교에서 또 무슨 사건이 일어날까 조마조마한 출근길도 지긋지긋했습니다. 무엇보다 학생을 별로 사랑하지 않는, 솔직하게 말하면 그 애만 우리 반에 없으면 좋겠다고 생각하는 제 자신이 마음에 들지 않았습니다. 교사이기 이전에 한 사람으로서 당당하고 행복하게 살고 싶었습니다.

좋은 선생님이 되기 위해 발버둥 치며 몇 년의 시간을 보냈습니다. 7년 뒤, 다시 학급에 어려움이 찾아왔습니다. 교권보호위원회 개최를 요청하고 학부모 면담을 했습니다. 힘들고 마음이 무거운 시간이었습니다. 7년 전과 일어난 일은 비슷했지만 결과는 달랐습니다. 문제 행동이 있었지만 학급은 안전했습니다. 무엇보다 학생을 미워하지 않았습니다. 무엇이 차이를 만들었을까요? 어떤 변화 덕분에 저는 '회피'가 아니라 '책임'을 선택할 수 있었습니다.

무너지지 않는 교실에는 분명 비밀이 있습니다.

'고마움'이 그 비밀입니다. 4년 전 '고마워 교실' 연수를 통해 저는 학급의 모든 아이에게 '고맙다'고 말하기 시작했습니다. 교사의 한마디 말은 씨앗이 되어 학급 아이들에게 퍼졌습니다. 교실 분위기는 긍정적으로 변했고, 학생들과의 관계도 더욱 돈독해졌습니다. 물론 학생들의 모든 문제 행동이 사라진 것은 아니었습니다. 하지만 학급에 어려움이 생기고 문제가 발생했을 때, 그래서 지치고 힘들었을 때 저를 다시 세우고 지지해 준 것은 문제 학생이 아닌 나머지 학생들이었습니다.

지금 이 순간에도 학급에서는 수많은 일이 일어납니다. 교사나 부모가 통제할 수 없는 일이 더 많을지도 모릅니다. 어떤 사건이 생기는지보다 '어떻게 그 일을 바라볼 것인지'가 더 중요할지도 모릅니다. 지난 시간 헤매던 저를 단단하고 다정한 교사로 길러 준 방법들을 이 책을 통해 나누고 싶습니다. 교사와 학생 모두 행복하고 안전한 학급을 세우는 구체적인 대안을 제시하고자 합니다.

물론 제가 배우고 성장한 길이 모두에게 정답은 아닐 것입니다. 교육 현장에는 훌륭한 수많은 동료 선생님들이 계십니다. 하지만 혹시라도 지난날의 저처럼 지치고 막막한 길을 묵묵히 걸어오고 계신 분이 있다면 함께 걷고 싶은 마음으로 책을 썼습니다.

선생이라는 단어는 먼저 선(先) 자에 날 생(生) 자를 씁니다. 제 앞의 수많은 먼저 살아온 분들이 저에게 다정하셨듯이 저 역시 한 조각의 다정함을 나누고 싶습니다. 고맙습니다.

다정하고 단단한 교실을 꿈꾸며
곽초롱

존재 그 자체로
소중한 아이들

하나도 고맙지 않은데요

교실에서 문제 행동으로 소란을 일으키고 다른 친구들에게 부정적 에너지를 확산시키는 학생이 있습니다. 선생님, 학생, 학부모님들은 이 학생에 대해 고마운 마음을 가지기 어려울 겁니다.

하지만 그 학생이 바로 내 자녀라면 어떨까요? 좀 더 너그럽게 봐주길 희망하지 않겠습니까? 하지만 내 자녀의 반에 이런 학생이 있어서 자주 학습 분위기를 흐리고 학습을 방해한다면 어떤 조치를 취하겠습니까? 수업을 진행하는 교사 입장에서는 이러한 문제 행동을 하는 학생을 엄하게 다루어야 하지 않을까요? 서로 입장이 다르기 때문에 문제해결에 대한 실마리는 서로 다를 수 있습니다. 그럼에도 불구하고 이 학생의 존재가 부정당해서는 안 됩니다.

존재와 행위를 분리하기

문제를 일으키는 학생도 학급에 존재하는 사람으로서 존중받아야 합니다. 그 학생의 행위는 분명 문제가 됩니다. 그러나 행위를 교정하기에 앞서 학생의 존재에 대한 환대가 우선적으로 있어야 합니다. 어떤 인간이든 자신의 존재가 부정당하기를 원치 않습니다. 교사도, 다른 학생도, 다른 학부모도 이 학생의 존재에 대해 환대를 해야 합니다.

교실에서도, 가정에서도 어떤 문제 행동이 일어났을 때 교정이 우선되어서는 안 되고 존재에 대한 고마움, 존재에 대한 환대가 먼저 이루어져야 합니다. 존재로서 인정받고 환영받을 때 아이는 자신을 소중한 존재로 인식하고 다른 사람들의 교정을 받아들이게 됩니다. 존재에 대한 환대는 모든 사람에게 이루어져야 합니다. 끊임없이 소중한 존재임을 알려 주어야 합니다. 자신의 존재에 대한 인식, 자존감이 만들어지면 행동의 교정은 쉽게 이루어질 수 있습니다. 존재를 먼저 인정받지 못한 상태에서 문제 행동에 대한 교정이 이루어지면 자신의 존재를 부정받는다고 느끼게 됩니다.

존재 그 자체로 고마워

환대하는 교실의 문화, 가족 간에도 존재에 대한 고마움을 표현해 주는 가정에서 학생들은 정서적 안정감을 누리며 감정조절능력이 좋아집니다. 그래서 우리는 학생들에게 '고마워'를 많이 들려주어야 합니다. 많이 듣게 되면 그 말을 배웁니다. 그러면 또 다른 이들에게 그 말을 돌려줄 수 있습니다. 부모가 먼저 자녀에게 들려주어야 하고, 선생님이 먼저 '고마워'를 들려주어야 합니다.

교육은 문화로 이루어진다

우리는 정이 많은 민족입니다. 한국의 '정'은 존재 자체를 환대하는 문화에서 나왔습니다. '고마워 교실'은 바로 이 환대의 문화를 담은 교육법입니다. 문제 행동을 보이는 학생뿐만 아니라 모든 학생이 존중받는 교실은 정서적 안정감을 만들어 냅니다. 그리고 환대로 이루어진 교실 문화는 학생뿐만 아니라 교사와 부모에게도 긍정적인 변화를 가져옵니다.

이 책에서는 '고마워'를 적용한 교육 방법을 쉽게 이해할 수 있도록 '곽 선생'이라는 가상의 인물을 만들었습니다. 곽 선생을 통해서 교실과 가정에서 실천할 수 있는 구체적인 방법을 배울 수 있습니다. 교육의 방향을 찾지 못하고 헤매는 교사와 학부모에게 이 책이 하나의 길잡이가 되길 바랍니다.

'고마워'라고 말하는 순간 존중과 신뢰가 자랍니다. 고마움의 씨앗이 더 많은 교실과 가정에 뿌리내리길 바라며 이야기를 시작합니다.

우리의 고마움이 더 많은 곳으로 퍼져 나가길 바라며

양경윤

차례

🗓 3월 웃자, 첫인상이 1년을 좌우한다

> ※ [1], [2] … : 교실 실천 가이드
> 　[★1], [★2] … : 가정 실천 가이드

4~5월 고마워, 말이 교실을 바꾼다

6월 백일간의 성장, 긍정을 당기다

7~8월 방학, 부모가 선생님이다

9월 교실 시스템,
긍정학생이 만든다

10~11월 미덕,
배움을 더하다

12~2월 환대, 다시 시작하다

곽 선생
: 용기를 되찾아 가는 중견교사

교직 15년 차 교사. 교실붕괴를 경험한 후 무사안일주의를 추구 중
이다. 새로운 학교에서 양 수석을 만나고 고마워 교실을 알게 되었
다. 곽 선생은 잃어버린 초심을 되찾고 희망을 심는 교실을 만들 수
있을까?

양 수석
: 고마워 교실의 감사 마법사

미소초 수석교사. '하감미소배움터'를 운영한다. 많은 교사의 멘토
이며, 감사 일기로 삶을 바꾼 경험을 가진 교육자이다. 질문 수업과
고마워 교실 프로그램을 개발했다.

김 선생
: 아름다운 미소를 가진 고마워 교실 리더

교직 20년 차 교사. 고마워 교실 운영 4년 차이며, 미소초의 전문적 학습공동체 리더이다.

오 선생
: 밝은 에너지를 가진 긍정의 아이콘

미소초 2년 차 교사. 함께 배우고 성장하는 모습을 지닌 긍정의 아이콘이다. 곽 선생과 8년 전 같은 학교에 근무한 인연이 있다.

현수
: 호기심 대장

미소초 4학년 3반 학생. 1학년 때부터 자타공인 장난꾸러기이다. 학습 태도 불량이라는 꼬리표를 달고 곽 선생 반으로 배정되었다.

호준
: 고마워 교실에 도전장을 내민 전학생

6월에 곽 선생 교실에 전학 온 학생. 불만이 가득한 시한폭탄 같다. 현수와 절친이 되었는데, 과연 호준이는 학급의 소중한 일원으로 자리 잡을 수 있을까?

슬기로운 초등 교실 가이드

교사용

1. 출발점 확인하기

(1) 아래와 같은 목표를 가진 선생님들에게 이 책을 권합니다.

목표	• 무너지지 않는 학급을 운영하고 싶은 교사 • 문제 발생 시 효과적이고 구체적인 방법을 알고 싶은 교사 • 긍정문화 시스템을 갖추고 싶은 교사 • 성공적인 학급 운영의 구체적인 방법을 알고 싶은 교사 • 학생들의 마음을 사로잡는 방법을 배우고 싶은 교사

(2) 목표 달성을 위한 학급 운영의 전제 조건을 한 번 더 인식합니다.

전제 조건	• 학생과 학부모를 선택할 수 없다. • 사람마다 의사 전달하는 표현 방식이 다르다. • 사람과 사람 사이에 갈등은 존재한다.

(3) 위 목표에 적용되는 운영 원리를 확인합니다.

운영 원리	• 존재에 대한 환대가 있는 교실은 무너지지 않는다.
	  - 환영받고 인정받을 때 자존감이 올라간다.
	  - '고마워'라는 말은 존재와 행위를 구분한다.
	• 교실의 흐름을 결정하는 것은 '나머지 학생들'이다.
	  - 20% 문제 행동 학생에 초점을 두지 않고 80% 학생들의 긍정적 정서 함양에 집중한다.
	• 언어는 듣는 만큼 말할 수 있고, 말하는 만큼 행동으로 이어진다.
	  - 긍정적인 말을 자주 하면 그 말이 생각과 행동으로 자연스럽게 이어진다.

(4) 운영 원리에 따른 '고마워 교실 3S 프로그램'을 적용합니다.

전제 조건	• skill : 고마워 5가지 스킬 • strategy : 아침 긍정 활동, 연간 활동, 일일 활동 • speech : 고마워 언어 사용법

고마워 교실 3S 프로그램

skill	strategy	speech

연간 활동

시작	고마워 교실 선언
중간	백일잔치
마무리	고마움 전하기

고마워 샤워
고마워 미소
고마워 기지개
고마워 쓰기
고마워 알림장

일일 활동

아침 활동	긍정 확언 / 아침 감사 일기
수업 시간	고마워 샤워, 미소, 기지개
마칠 때	고마워 알림장

고마워, 괜찮아.
도와줄까? 미안해.
도와줄래? 좋아 좋아.
다시 하면 돼. 멋지네.
감동이야.
참 좋은 생각이야

**긍정문
애.교.감**

2. 책을 읽는 방법

『슬기로운 열두 달 초등 교실』 완전 정복 가이드
• 곽 선생의 성장 느껴 보기 : 곽 선생 스토리를 중심으로 훑어 읽기
• 보물지도(부록)를 살펴보며 학급 운영과 연결하여 읽기
• 교사 발문법 : 곽 선생 스토리 속에서 수업 방법과 발문 살펴보기
• 제공해 주는 자료(QR 코드)로 깊이 있게 살펴보기
• 수업 및 학급 운영 적용 후 블로그나 자신의 공부방에 기록하기

① 1년 동안의 학급 운영과 아이들의 성장 과정을 담고 있기 때문에 곽 선생 스토리를 따라가면서 전체를 한 번에 읽는 것이 맥락을 이해하는 데 도움이 된다.

② 교실의 문제는 단 하나의 방법으로 해결되지 않는다. 연결된 내용을 읽어 보고 자신의 교실에 적합한 방법을 찾아보자. 예를 들어 학부모 상담이 고민이라면 [4~5월-13], [6월-21]을 연결해서 읽는다. 고마워 샤워의 다양한 기법이 궁금하다면 [3월-7], [4~5월-9, 10], [9월-25]를 연결해서 읽으면 시선을 더 확장시킬 수 있다.

③ 곽 선생 스토리 속 발문을 유념하여 읽고 수업에 적용해 보자. 교사의 발문 기술을 향상시키는 데 도움이 될 것이다.

④ 구체적인 활동 자료와 관련 영상 등은 부록의 QR 코드 자료에서 확인할 수 있다.

⑤ 적용 후 학생들의 반응과 변화를 기록하자. 작은 성공이 쌓이면 더 큰 학급 운영의 변화로 이어진다.

3. '학교자율시간'에 활용하기(부록 : 15차시 활동 계획 자료)

2025년부터 새롭게 도입되는 '학교자율시간'은 학교와 교사가 교육과정을 유연하게 운영할 수 있도록 보장하는 시간이다. 학생들의 필요와 학교의 특성을 반영하여 다양한 학습 경험을 제공할 수 있으며, 자율성과 창의성을 강조하는 미래형 교육과정의 핵심 요소이다.

이 시간을 활용하여 『슬기로운 열두 달 초등 교실』의 '고마워 교실 3S 프로그램'을 운영해 보자. 학생들에게는 고마움과 환대의 문화를 경험하면서 사회정서적 역량을 키울 수 있는 특별한 기회가 될 수 있다. 또한 교사에게는 학급 운영의 부담을 덜어 주는 효과적인 도구가 된다. 학생 간의 갈등이 감소함으로써 생활지도에 소모되는 에너지가 줄어들고, 교실 분위기가 안정되면서 수업 몰입도가 높아진다. 학생들의 성장을 보면서 교사로서의 보람과 에너지를 얻을 수 있다.

가정에서도 자연스럽게 감사와 소통을 이어 갈 수 있는 계기를 제공하여, 학교와 가정이 함께 협력하며 아이들의 정서적 성장을 지원할 수 있도록 돕는다. 이 과정을 통해 학생, 교사, 학부모가 함께 성장하는 교육적 동반자로서의 의미를 더욱 깊이 새길 수 있다.

4. 책을 읽고 적용하면 이루어지는 것

(1) 시스템이 교사를 대신 한다.

• 교사가 매번 개입하고 해결하는 구조가 아니라 학생들이 스스로 해결할 수 있는 학급 문화를 만든다.

• 잔소리 없는 교실, 규칙이 아닌 자율과 책임이 중심이 되는 시스템을 구축하게 된다.

• 교사는 학생들과 긍정적인 관계를 맺으며 감정적인 여유를 찾게 되어 에너지가 소진되지 않고 지속 가능한 학급 운영이 가능해진다.

(2) 교사는 전문가로서 자존감이 향상된다.

• 교사로서 문제 상황에 대응하는 발문법을 알고, 교사의 역할과 가치에 대한 확신을 가지게 된다.

- '고마워 교실 3S 프로그램'을 활용해서 학급 운영에 대한 전문적 역량을 기를 수 있다.

(3) 학생은 정서적 안정감을 느낀다.

- '고마워'라는 말을 사용하면서 학생들은 자신의 존재가 가치 있음을 느끼고 감정을 조절하는 법을 배운다.
- 갈등이 두려운 것이 아니라 해결할 수 있는 과정이라는 걸 배운다.
- 모두 함께 즐겁게 배우는 학교를 좋아하게 된다.

슬기로운 자녀 교육 가이드

1. 출발점 확인하기

(1) 아래와 같은 고민을 가진 학부모께 이 책을 권합니다.

고민	• 자녀의 학교생활을 어떻게 도와야 할지 막막한 학부모 • 급변하는 교육 환경에 불안한 학부모 • 자녀의 친구 관계를 걱정하는 학부모 • 자녀와 긍정적 대화를 잘하고 싶은 학부모 • 학급에서 자녀가 뒤처질까 봐 걱정하는 학부모

(2) 전제 조건을 한 번 더 인식합니다.

전제 조건	• 교사와 자녀 학반의 학생들을 선택할 수 없다. • 자녀의 말이 모두 진실은 아니다. • 사람과 사람 사이에 갈등은 존재한다.

(3) 운영 원리를 확인합니다.

운영 원리	• 존재에 대한 환대가 있는 가정은 무너지지 않는다. 　- 환영받고 인정받을 때 자존감이 올라간다. 　- '고마워'라는 말은 존재와 행위를 구분한다. • 행동의 교정보다 자녀의 존재에 먼저 감사한다. 　- 가족 안에서 존중받고 환영받을 때 아이는 스스로를 소중한 존재로 인식한다. 　- '고마워'라는 말은 아이의 존재와 행동을 구분한다. • 언어는 듣는 만큼 말할 수 있고, 말하는 만큼 행동으로 이어진다. 　- 긍정적인 말을 자주 하면 그 말이 생각과 행동으로 자연스럽게 이어진다.

(4) 운영 원리에 따른 고마워 스킬과 언어를 적용합니다.

운영 방법	• skill : 고마워 5가지 스킬 • speech : 고마워 언어 사용법

2. 책을 읽는 방법

『슬기로운 열두 달 초등 교실』 완전 정복 가이드
• 자녀의 학교생활을 상상하며 교사의 입장이 되어서 읽어 보기
• 가정 실천 가이드와 교실에서의 생활을 연결하면서 읽기
• 자녀와의 대화법 익히기 : 곽 선생 스토리 속에서 자녀와 소통하는 방법 살펴
  보기
• 가정에서 실천한 변화와 자녀의 반응 기록하기

① 이 책은 교실에서 1년 동안 일어난 교사와 학생의 성장 과정을 담
   고 있다. 곽 선생의 입장이 되어 자녀의 교실 모습을 상상하면서
   읽어 보자.
② 가정 실천 가이드를 활용하여 가정과 교실에서의 생활을 연결하
   여 읽어 보자. 예를 들면, 가정에서의 훈육 방법이 궁금하다면 [3
   월-★2]를, 교사와 상담하는 방법이 궁금하다면 [6월-★6]을 읽어
   보면 도움이 된다. 곽 선생 스토리와 함께 다시 읽어 보면 가정과
   교실을 연결하는 데 도움이 된다.
③ 곽 선생 스토리 속에서 아이와의 대화법을 유심히 살펴보자. 자
   녀가 속마음을 표현하도록 돕는 질문법과 긍정적인 피드백 방법
   을 발견할 수 있다.

④ 자녀의 말과 행동이 어떻게 달라지는지 기록하며 가정에서도 '고
   마워 교실'의 효과를 느껴 보자.

3. 책을 읽고 적용하면 부모도 성장한다.

(1) 지시와 훈계가 아니라 감정 존중 대화를 할 수 있게 된다.

고마워 스킬을 통해서 부모가 먼저 '고마워'라는 말을 사용할 수 있
게 된다. 이것은 자녀의 존재를 인정하고 행동을 구분하여 교정함으
로써 자녀의 자존감을 무너뜨리지 않게 한다.

(2) 부모로서 불안감이 줄어든다.

급변하는 교육 환경에서 부모로서 느끼는 불안은 매우 자연스러운
감정이다. 교육 환경이 빠르게 변해도 부모가 가져야 할 핵심적인
태도와 방향은 변할 수 없다. 유행이나 경쟁에 휘둘리기보다 아이에
게 진짜 필요한 것이 무엇인지 알게 된다. 존재에 대한 존중과 기본
적인 가치를 단단하게 배운 자녀는 세상의 어떤 문제에도 도전할 수
있게 된다.

(3) 자녀의 학교생활을 이해하고 조력할 수 있다.

자녀 학급에서 일어날 수 있는 문제들을 이해하고 자녀에게 좀 더
공감할 수 있다. 또한 자녀에게 문제가 발생했을 시 교사에 대한 신
뢰를 바탕으로 해결책을 찾으며 불필요한 오해와 갈등이 줄어든다.
자녀 교육이 긍정적이며 성장할 수 있는 방향으로 나아갈 수 있다.

4. 자녀 교육을 위한 학부모 실천 가이드

가정 실천 가이드	
인사를 잘하는 아이는 환영받는다	3월[★1]
가정에서 올바른 훈육 방법	3월[★2]
교사와 신뢰 구축 알림장 활용법	4~5월[★3]
부모의 미소는 신뢰이며 행복이다	4~5월[★4]
자녀의 거짓말에 대처하기	4~5월[★5]
선생님과의 상담을 긍정적으로 한다	6월[★6]
가족 감사 일기 작성 방법 및 주의점	7~8월[★7]
잘못된 칭찬에서 벗어나기	10~11월[★8]
감사로 키우는 자녀 교육법	12~2월[★9]

3월

웃자,
첫인상이 1년을
좌우한다

우리 아이가
거짓말쟁이라니요?

"선생님, 이게 무슨 일이에요? 우리 지훈이가 거짓말쟁이로 몰려서 학교 가기 싫다고 해요. 오늘 겨우 학교에 보냈어요. 이런 게 교육인가요?"

"어머니, 상황을 한 번 더 확인해 보겠습니다. 아이들끼리 오해가 있었을 수도 있어요."

월요일 아침부터 곽 선생은 화가 난 지훈이 어머니의 전화를 받고 너무 당황스러웠다. 지난주 금요일에 무슨 일이 있었던 걸까? 곽 선생은 금요일 학급회의 시간에 '릴레이 칭찬' 활동을 진행했다. 학생들은 서로를 칭찬하며 따뜻한 분위기를 만들어 갔다. 곽 선생은 그 순간을 떠올리려고 애썼다.

"지훈아, 넌 정말 똑똑한 거 같아. 어려운 숙제도 척척 하고 나한테도 보여 주고…."

민수의 칭찬이 끝나자마자 아이들의 웅성거림이 들렸다.

"근데 숙제를 보여 줘도 되는 거야? 남의 거 베끼면 안 되잖아!"

지훈의 얼굴이 굳었다.

"뭐? 난 너한테 숙제 보여 준 적 없는데?"

그날 아이들의 웅성거림도, 지훈이의 말도 곽 선생에게 들린 것은 분명했다. 그런데 그다음 칭찬을 이어 간다고 그냥 지나쳤다. 그렇다고 이것이 문제가 될 것 같지는 않았다. 지훈이를 불렀다. 자초지종을 들어 보니 칭찬 릴레이 후에 민수와 지훈이가 말다툼을 했는데 옆에서 친구들이 지훈이가 거짓말을 한다고 했다. 민수에게 숙제를 보여 준 것을 선생님께 혼날까 봐 지훈이가 우겼다는 것이다. 지훈이는 자신이 억울하게 거짓말쟁이가 되었다고 했다.

"지훈아, 정말 민수한테 숙제 보여 준 적 없어? 숙제를 보여 주는 건 문제가 되지 않는단다."

"정말 없어요! 저 어제 학원에서 숙제했어요. 민수한테 보여 줄 시간이 없었단 말이에요."

곽 선생은 속상해하는 지훈이를 다독였다. 그리고 민수를 따로 불렀다.

"민수야, 네가 지훈이에게 숙제를 빌렸다고 확신해?"

"네. 분명 지훈이 공책을 보고 베껴 썼어요. 내용도 똑같잖아요."

둘 다 억울해하는 상황이었다. 곽 선생은 난감했다. 결국 결론을 내지 못한 채 두 학생을 돌려보내야만 했다. 그날 저녁, 곽 선생은 화가 난 지훈이 어머니의 전화를 받았다.

"아이들에게 거짓말쟁이라고 말을 듣는 것도 억울한데 선생님께서 우리 지훈이에게 민수한테 숙제 정말 보여 준 적 없냐고 따졌다면서요? 선생님이 자기를 못 믿는 거 같다고 지훈이가 얼마나 억울해했다고요. 선생님은 아이들을 믿어 주셔야 하는 거 아닌가요?"

"아이들끼리 오해가….."

오해라는 말에 지훈이 어머니는 더 언성을 높였다. 지훈이 어머니는 곽 선생이 자기 아들을 믿지 못한다며 분노했다. 그런 의도가 아니었다는 곽 선생의 말은 지훈이 어머니의 분노만 더 부채질할 뿐이었다. 곽 선생은 이걸 어떻게 해결해야 할지 막막하기만 했다.

다음날 곽 선생은 민수와 지훈이를 동시에 불렀다. 공책을 펼쳤다. 지훈이의 내용과 민수의 내용이 동일했다. 지훈이도 당황하는 눈치였다. 지훈이는 보여 준 적이 없는데 민수는 숙제를 베낀 것이었다. 그날 아침 시간에 민수는 자기 책상 위에 지훈이 공책이 있어서 베꼈다고 했다. 평소에 민수는 지훈이 공책을 보고 베끼기도 하고 도움을 받고 있었기에 지훈이가 빌려 준 것으로 생각했다는 것이다. 대화를 하고 있으니 수진이가 다가왔다.

"선생님, 금요일에 지훈이 공책이 떨어져 있어서 제가 민수 책상에 올려 둔 것 같아요."

지훈이는 학교에 오자마자 가방을 정리하고 도서관에 가면서 공책을 떨어뜨렸는데, 그것을 수진이가 주워서 민수 책상에 올려 둔 것이었다. 세상에 무슨 일이 이렇게 꼬이는 걸까? 서로의 오해는 풀렸지만 곽 선생은 너무 피곤했다. 일단 학생들의 마음을 다독여 주고 지훈이 어머님께 전화를 걸었다.

"선생님, 릴레이 칭찬이 좋은 취지라는 건 이해해요. 하지만 그 사건 이후로 우리 지훈이가 칭찬을 받거나 표현하는 걸 부담스러워하고 있어요. 억지로 감정을 표현하게 하는 게 아이들에게 좋은 걸까요?"

곽 선생은 순간 할 말을 잃었다.

"그럴 의도는 아니었는데…."

"지훈이가 '이제 아무 말도 안 해야겠다.'고 하더라고요. 애초에 칭찬 릴레이를 안 했다면 민수랑 이런 갈등도 생기지 않았을 텐데요."

그날 밤 곽 선생은 오래도록 잠을 이루지 못했다. 아이들의 성장을 위해 시작한 '칭찬 릴레이'가 오히려 상처가 되었다는 사실이 마음을 무겁게 눌렀다. 무엇보다 자신의 교육 방식을 전적으로 신뢰하지 못하게 된 것이 가장 큰 상처였다. 지훈이 어머니와의 사건은 크게 심각한 일은 아니었지만 곽 선생은 묻어 두려 노력했던 초임시절의 트라우마가 떠올랐다.

'지혜도 이제 성인이 다 되었겠구나. 지훈이 어머니도 그때처럼 계속 민원을 제기하면 어떡하지?'

밤을 새다시피 하고 출근한 곽 선생은 자기도 모르게 지훈이의 눈치를 살피는 게 싫었다.

'다시는 그런 일을 겪고 싶지 않아.'

시간이 지나도 곽 선생의 마음은 편안해지지 않았다. 초임시절에 겪었던 힘든 시간들이 반복될 것만 같았다. 그때도 지금도 둘 다 5학년이고, 지혜와 지훈 이름마저 비슷했다. 생각에 생각이 꼬리를 물고 이어졌다.

'나랑 5학년은 안 맞나 보다.'

곽 선생은 매일 아침 교실 문을 열 때마다 가슴이 철렁였다. 오늘은 또 어떤 일이 벌어질까, 어떤 말실수를 저지를까, 어떤 오해가 생길까. 한때는 설렘으로 가득했던 교실이 또다시 두려움의 공간이 되어 버렸다. 곽 선생은 잘해 보려는 마음을 더 이상 품지 않았다. 그렇게 5년의 시간이 또 흘렀다.

새 학년
첫날

"봄방학인데 학교는 왜 가?"

결혼 5년째인데 매해 똑같은 소리를 하는 남편에게 소리를 확 지르고 싶었다. 2월 16~24일은 새학년맞이주간이다. 학생들은 봄방학이지만 교사들은 출근해야 하는 시기다. 3살 된 아들을 어린이집에 보내고 가려면 늦었다. 마음이 바빴다. 어차피 교직사회를 이해하지 못하고 교육과정편성을 이야기해도 모를 테니 그냥 한 번 웃어주며 혼잣말로 중얼거렸다.

"경력 15년 차인데 학교를 옮긴다는 것은 여전히 걱정되고 불편하단 말이야."

인사발령은 3월이지만 2월 16일이 새 학교 첫 출근인 셈이다. 벌써 4번째 학교인데도 어색하다. 긍정회로를 돌려도 불편한 것은 어쩔 수 없다.

"곽 선생님, 미소초등학교에 오신 것을 환영합니다."

학교 중앙현관을 들어서는데 예전 학교에서 같이 근무했던 오 선생이 환하게 웃으며 다가왔다. 8년 전에 오 선생이 곽 선생이 있던 학교로 신규 발령을 받아 왔을 때 동 학년을 했다. 오 선생은 성격이 밝고, 동료 선생님들과도 잘 어울렸다. 학급을 원만하게 운영했고 업무도 씩씩하게 잘해 나갔다. 그래서 다들 신규 같지 않다고 '고경력 신규교사'라는 별명을 붙여 주었던 기억이 났다. 밝은 목소리의 오 선생 덕분에 걱정스럽던 마음이 든든해졌다.

야호! 4학년 담임에 중요 업무도 아니다. 5학년이 아닌 것만으로도 좋았다. 오 선생과 동 학년도 되었다. 이런 행운이 오다니 입꼬리가 저절로 올라갔다. 올해는 육아 시간을 제대로 써야 해서 무척 안도가 되었다.

인사는
환대의 시작

"첫날부터 괜히 찍힐 일 만들 필요는 없지. 참자! 참아."

첫 출근 날부터 퇴근시간까지 연수라니 잔인한 학교다. 곽 선생은 어린 아들 핑계를 대며 집에 가고 싶었다. 내 마음을 안 듯 오 선생도 불평을 늘어놓았다. 이심전심. 살짝 기분이 좋아졌다. 곽 선생도 한때는 온갖 연수를 들었다. 학급경영, 수업, 놀이, 독서, 체육 연수까지 열심히 찾아 다녔다. 초등교사는 전 과목을 가르치다 보니 연수란 연수는 다 듣던 시절이 있었다. 하지만 경력이 쌓이고, 결혼도 하고, 육아까지 하느라 바쁘다 보니 연수는 이렇게 학교에서 강제로 들어야 할 때만 들은 지 오래다. 강제 연수들은 대체로 원론적이고 지루하다. 기대 없이 흐리멍덩한 눈빛으로 자리에 앉았다.

"안녕하세요. 새학년맞이 학급 세우기 연수를 하게 된 본교 수석 교사입니다. 반갑습니다. 학교에 들어오시면서 다들 인사는 하셨지요? 인사를 먼저 하신 분?"

양 수석은 유능하다는 말은 들었는데 실제로 뵈니 약간 호들갑스러운 느낌이었다. 다들 인사는 기본으로 할 텐데 이상한 것을 물어본다고 곽 선생은 생각했다.

출근해서 중앙현관에서 학교샘들을 만났습니다. 어떻게 인사하나요?
① 가벼운 묵례를 한다.
② 예의상 "안녕하세요."라며 말한다.
③ 큰소리로 "안녕하세요."라고 외치면서 미소 짓는다.
④ 밝고 환한 미소로 "좋은 아침입니다. 오늘도 행복하세요."라며 인사를 한다.

"수석님, 저는 '미소초에 오신 것을 환영합니다.'라고 밝은 얼굴로 인사했는데 ④번인 거죠?"

오 선생이 손을 번쩍 들더니 말했다. 덕분에 많은 선생님의 얼굴에 웃음꽃이 피었다. 양 수석이 말을 이어 갔다.

"모든 선생님께서 인사를 나누셨네요. 대부분 ①, ②번을 선택하셨고요. ③, ④번은 친한 사이에는 하기 쉽지만 그렇지 않으면 용기가 필요하지요."

인사를 하는 데 용기가 필요한 것이라니 생각지 못한 이야기였다. 곽 선생은 중앙현관에서 오 선생의 반가운 인사와 교무실 문을 열었을 때 아무도 반응하지 않는 민망함에 잠시 쭈뼛거렸던 순간을 떠올렸다. 두 번 다 곽 선생이 먼저 인사를 건네지 않았다는 것도 깨달았다.

"인사가 바로 환대의 시작이지요. 사람과 사람을 연결지어 주는 '인사'가 '고마워 교실'의 시작입니다. 학생들이 인사를 잘 못하는 것은 '용기'가 없어서라고 생각하시고 선생님들께서 먼저 인사해 주세요."

이어서 '우리 반 인사법' 만들기가 이어졌다. 곽 선생은 평소 학생들에게 인사 잘하라고만 했지 인사 방법을 정한다는 생각조차 한 적이 없었다. 인사는 학생이 당연히 해야 하는 것이라고만 생각해 왔다. 활동을 하면서 곽 선생은 인사의 중요성에 대해 이야기 나누고, 등교할 때, 수업 중에, 하교하며 어떤 인사를 나눌지 정해 보는 인사 수업이 마음에 들었다.

"인사를 먼저 해 주는 학생에게는 고마움을 표현해 주세요. 혹시 부끄럽거나 배우지 못해, 혹은 기분이 좋지 않아 인사를 건네지 않는 학생들이 있더라도 선생님께서 먼저 인사를 건네며 격려해 주세요. 선생님이 먼저 건네는 인사가 학생들에게 용기를 불어넣을 겁니다."

양 수석의 말을 들으며 인사, 환대, 용기라는 세 단어가 곽 선생의 머릿속을 계속 맴돌았다.

[1] 우리 반 인사법 만들기

1. 인사 경험 나누기(짝대화로 생각 열기)

2. 인사의 중요성에 대해 토의하기

3. 내가 듣고 싶은 인사는?

4. 우리 반 상황별 인사법 만들기(등교 / 수업 중/ 하교)

   ① 등교 – (교실 문을 열 때 웃으면서) "얘들아 안녕!" (큰소리로) "행복한
      오늘이야. 반가워."

   ② 수업중 – "고마워!" (네가 존재함에, 나와 함께해 줘서, 배움을 나누어서)

   ③ 하교 – "함께해 줘서 고마워." "선생님 고맙습니다!"

5. 꾸준한 실천– 반복– 습관으로 나아가기

[★1] 인사를 잘하는 아이는 환영받는다

인사하는 아이는 어디서든 환영받는 사람이 된다. 인사는 관계를 시작하는 첫걸음이기 때문이다. 자녀를 위한 인사 교육을 위해 2가지를 기억하자. 밝은 인사와 꾸준한 인사 습관이다. 밝은 인사는 상대에게 긍정적인 인상을 남기고 자신감과 존중을 표현하는 가장 쉬운 방법이다. 꾸준한 인사 습관은 아이가 타인과의 관계에서 신뢰와 배려를 키우는 데 큰 도움을 준다. 자녀와 인사법에 대해 먼저 이야기를 나눈 후 약속한다. 그런 다음 이렇게 연습하자.

- 등교 전 연습 : 아침 기상 후 가족들에게 큰 목소리로 "좋은 아침이에요!"라고 인사하기
- 상황극 놀이 : 등교, 수업, 하교 등 학교에서 사용하는 상황별 인사말을 부모님과 함께 연습하기. 예) (교실에 들어가며) "얘들아 안녕!" (하교하며 선생님께) "오늘도 감사합니다!"
- 거울 연습 : 아이가 거울을 보며 밝은 표정과 큰 목소리로 인사하는 연습을 하도록 돕기. 가장 좋은 것은 부모와 함께 연습하기

자녀의 성공적인 인사 지도를 위해 2가지를 기억하자.
첫째, 모범이 최고의 교육이다. 인사 잘하는 부모를 보고 자녀는 자연스럽게 배운다.
둘째, 아이가 밝게 인사하면 격려하고 지지하자. 자녀는 신뢰와 자신감을 선물받는다. 인사 교육에서 가장 중요한 것은 실천-반복-습관이다. 가정에서 매일 인사 실천을 반복하며 습관으로 만들자.

부모의 따뜻한 한마디
"인사는 용기야! 네가 먼저 시작하면 더 멋진 하루가 될 거야."

호기심을 깨워라
숫자놀이

"4, 10, 12 세 숫자로 저를 알아맞히는 게임입니다."

양 수석이 웃으며 말했다. 곽 선생은 '환대, 인사, 용기' 단어에서 빠져나오지도 못했는데 오 선생이 말을 걸어왔다.

"작년에도 이 숫자 게임 했는데, 숫자가 바뀌었네요. 뭘까요?

"4? 혹시 생일이 4월이신가?"

오 선생의 말에 곽 선생은 자신도 모르게 숫자가 의미하는 바를 생각하고 있었다. 4층짜리 건물주, 미소초 4년 근무, 집이 4층, 사랑이 많아서 4, 다양한 이야기가 여기저기 들리는 것과 동시에 웃는 소리들로 가득 찼다. 2인1조의 대화로 회의실 전체가 시끄러웠다. 곽 선생은 학생들처럼 선생님들께서 짝대화를 하는 모습이 신기했다.

이전 학교와는 다른 풍경이었다.

"제 이름에 ㅇ이 4개 들어 있답니다."

10은 양 수석이 집필한 책 숫자라고 했다. 곽 선생은 지금까지 양 수석이 집필한 책이 10권이라는 말에 입이 떡 벌어졌다. 12는 수석 교사가 된 지 12년이라는 의미였다.

"숫자를 활용한 자기 소개 방법입니다. 교사의 직접 소개 방법이 아닙니다. 상대가 생각할 수 있는 모티브를 주고 스토리텔링하는 방법이죠. 기억 연상법의 일종인데요. 추리의 즐거움이 기억하는 데 도움을 줍니다."

"우와! 신선하다. 아이스브레이킹이 저절로 되겠네. 게다가 숫자와 연상되는 정보로 이미지를 연상하거나 이야기를 만들게 되면 정보 저장에 도움이 된다는 거죠?"

"저는 작년에도 3월 첫날 제 소개를 이렇게 했는데요. 여기서 중요한 점은 학생들이 발표하는 내용을 긍정적으로 수용해 주시는 것이에요."

곽 선생에게 기대감이 없었던 강제 연수는 호기심 가득한 연수로 즐겁게 흘러갔다. 3월 첫날 소개 PPT를 만들 필요가 없으니 더 즐거워졌다. 이때까지만 해도 까맣게 몰랐다. 미소초에서의 1년이 곽 선생 인생을 바꾸게 될 것이라는 것을….

[2] 호기심을 증진시키는 숫자로 자기 소개하기

숫자로 교사 소개하기
....

1. 특정 숫자 3개 제시하기

2. 짝과 한 팀이 되어서 숫자와 연결한 스토리 만들기 : 처음 만난 짝과의 친밀감, 상호작용을 도움

3. 팀별로(2인 1조 짝) 상상한 숫자를 발표하기 : 교사는 학생들의 스토리를 긍정적으로 수용

4. 숫자에 알맞은 교사 자기 소개하기

숫자로 자기 소개하기(학생 소개법)
....

학생 자신을 숫자로 부담없이 간단하게 알릴 수 있다. 같은 숫자를 선택한 사람에게 동질감을 가지게 된다. 전체 학생이 모두 발표를 할 수 있고 소요시간이 적게 든다.

1. 숫자를 0~9로 한 자리 수에서 2개만 선택하기 : 숫자값이 크고 선택지가 많아지면 학생들이 숫자를 선택하는 데 시간이 많이 소모되기 때문에 지양하는 것이 좋다.

2. 짝에게 자신의 숫자가 가진 의미 소개하기

3. 전체 공유하기

　① 0을 선택한 학생들은 모두 일어난다. 자신에게 0이 의미하는 바를 발표한다.

　② 0~9까지 ①을 반복 실시한다.

고마워
교실 선언

3월 2일, 새 학년 첫날. 곽 선생은 알 수 없는 두근거림을 안고 출근길에 나섰다.

"4학년을 맡게 된 게 행운이라고 생각하셨죠? 사실 작년 3학년 때 사건사고가 너무 많아서 기피학년이 되었어요. 결국 전근 오신 분들이 주로 담임이 되신 거죠."

오 선생의 말이 자꾸만 떠올랐다. '3월 한 달은 웃지 말라.'는 불문율을 깨고 '이를 드러내고 활짝 웃을 것인가?' 운전하는 내내 머릿속이 복잡했다. 운전하면서 곽 선생은 자신의 신조를 외쳤다.

'선생님도 사람이다. 나에게 필요한 건 완벽이 아니라 무탈이다.'

예전처럼 교실에 들어가자마자 학생들에게 규칙을 쭉 외고 엄하

게 시작하고 싶은 마음과 연수받은 내용을 적용해 보고 싶은 마음이
싸우고 있었다. 그렇다고 곽 선생이 교사로서 책임감이 없는 것은
아니었다. 교사로서 해야 할 일에 최선을 다하며 지난 14년을 살아
왔다. 걱정스럽고 두려웠다. 낮은 목소리와 팔짱 낀 두 팔로 아이들
을 대하는 모습이 옳을까? 곽 선생은 고민했다.

"아이들과의 첫 만남에서 우리 반의 정체성을 한 문장으로 요약
해서 선언하세요."

양 수석의 말이 귀에 울리는 듯했다. 지금껏 곽 선생도 새 학기 첫
날마다 학급 운영에 대한 안내를 했다. 하지만 그것은 곽 선생의 일
방적인 설명식 안내였다. 첫날 선언은 교사의 설명이 아니라 학생의
생각을 만들어 내기 위한 선언이어야 한다는 생각은 지금까지 해 본
적이 없었다.

그래 믿어 보자. 곽 선생은 교실 문을 열고 들어섰다. 아이들의
눈빛이 일제히 곽 선생을 향했다. 이런저런 복잡한 생각을 날려 버
리고 곽 선생은 최대한 부드러운 미소를 지으며 인사했다.

"안녕하세요, 여러분. 우리 반은 고마워 교실입니다."

이제 주사위는 던져졌다.

[3] 선언하기

1. 한 문장 공개 선언으로 학급 방향성 정하기

(선언) "우리 반은 고마워 교실입니다.", "우리 반에 오신 것을 환영합니다."

2. 질문으로 교사의 선언을 학생 생각으로 전이시키기

(질문) "우리 반은 고마워 교실입니다. 왜 고마워 교실일까요?"

3. 짝대화로 생각을 열고 토론하며 학급에 소속감 만들기

(학생 대화) 고마워 교실의 이유에 대해 짝대화하기

4. 대화와 소통으로 새 학년과 교사, 학급에 대한 긍정적 인상 형성하기

(전체 공유) 고마워 교실의 이유 발표하기, 교사 안내

첫날의
미소

고마워 교실 선언부터 숫자 소개까지…. 1교시가 무사히 끝났다. 학생들을 환영하기 위해 붙여 둔 '우리 반이라서 고마워'가 그제야 곽 선생 눈에 들어왔다. 분명 어제 붙여 두었건만 긴장한 탓에 이제 보였다. 새학년맞이 연수 내용을 상기했다. '미소를 짓고 친절하게 첫인상을 좋게!' 수많은 새 학년 연수를 들었지만 첫날 웃으라는 연수는 처음이었다. '그동안 첫날 내 표정이 어땠지?' 곽 선생이 돌이켜 보니 긴장으로 굳어진 표정이 많았다. 새로운 학년, 새로운 교실, 새로운 학생. 교사들에게도 새 학년 첫날은 긴장의 연속이다. 적응하고 분위기 파악에 힘쓰기도 바쁜데 표정까지 신경 쓸 여유는 없다고 생각했다.

"학생들과의 첫 만남에서 중요한 것은 규칙이 아니라 관계입니다. 개학 첫날의 미소는 학생들에게 심리적 안정감과 신뢰를 제공하는 또 다른 선언이지요."

연수 내용을 떠올리며 곽 선생은 입꼬리를 의식적으로 올렸다. 어색한 미소와 함께 학생들의 자기 소개와 이름 삼각대를 만들기 위한 마술쇼, 미덕 자리 바꾸기[29], 협동놀이하기[18] 등 첫날 해야 할 일들이 수업과 함께 착착 진행되었다.

"우와. 정말 좋잖아!"

어색했던 곽 선생의 미소도 어느 순간 자연스러워졌다. 곽 선생은 첫날 수업도, 학생들과의 관계도 술술 풀려 가는 것 같아 새학년 맞이 연수가 신의 한 수였다는 생각까지 들었다. 들려오는 아이들의 웃음소리가 좋았다. 아이들의 웃음소리 덕분에 평소라면 불편했을 아이들의 소음도 들을 만했다.

"오, 멋진 연필꽂이다! 새 학기 준비를 정말 열심히 했구나! 고마워."

"우와, 네 공책에 붙은 스티커 정말 귀엽다. 어떤 이야기인지 궁금하네!"

곽 선생은 일부러 교실을 돌아다니며 밝은 미소로 학생들의 눈을 마주 보고 말을 걸었다. 하지만 돌아오는 반응은 어딘가 어색했다. 몇몇 아이는 부끄러운 듯 고개를 숙였고, 어떤 아이는 작게 대답하고 금세 다른 곳을 보았다. 곽 선생이 기대했던 미소, 환대와 달리 오히려 아이들이 조금 더 경직된 듯했다.

'어, 이거 왜 이러지? 분명히 미소를 지으며 칭찬했는데 쉽지 않네, 쉽지 않아! 그래도 믿어 보자, 미소와 친절의 힘을, 활짝 웃자!'

곽 선생은 두 주먹을 불끈 쥐었다.

★ 교실 실천 가이드 ★

[4] 개학 첫날, 교사의 미소
개학 첫날, 교사의 미소는 또 다른 선언이며 환대이다. 교사의 미소는 단순한 표정을 넘어, 강력한 메시지를 담고 있다.

1. 너희를 환영하고, 이곳은 안전한 공간이야.
낯선 환경에서 긴장감을 느끼는 학생들에게 교사의 미소는 마음을 여는 열쇠가 된다. 단순히 환영의 의미를 넘어 학생들에게 심리적 안정감과 신뢰를 심어 준다.

2. 이 교실에서 나도 편안히 웃어도 된다.
교사의 미소는 학생들에게만 영향을 미치는 것이 아니다. 교사 자신에게도 중요한 다짐이 된다.

3. 나는 이 교실을 따뜻하고 행복한 공간으로 만들겠다.
개학 첫날의 미소는 교사가 설정한 목표와 방향성을 상기시키고, 이를 행동으로 옮기게 하는 원동력이 된다.

긍정을 만드는
아침 활동

'친구와 함께하는 지금 여기, 햇살이 미소 짓고 있어.'

곽 선생은 아침 활동 시간에 들려줄 '고마워 교실' 노래를 흥얼거리며 중앙현관에 들어섰다. 옆 반 오 선생이 신을 갈아 신다가 곽 선생을 발견하고 환하게 웃으며 인사했다.

"곽 선생님, 올해 아침 활동 뭐하세요? 작년에는 1학년이어서 글자공부랑 색칠놀이 했거든요. 근데 4학년이라 아이들이 지겨워할 것 같고, 딱히 할 게 없네요. 수학문제 풀기 하면 애들이 싫어할까요? 이것저것 다양하게 하고 싶긴 한데…. 좋은 팁 있으면 나눠 주세요."

연수에서 배웠던 '긍정 확언'을 해 보려고 한다는 곽 선생의 말에 오 선생은 고개만 끄덕이고 별 말이 없었다. 뭔가 색다르고 다양한 아침 활동을 하고 싶은 모양이었다.

"오 선생님, 저는 작년에 독서활동지, 수학 학습지, 글씨 쓰기 등을 번갈아 가면서 했어요. 매번 다른 활동지 만들고 복사하는 데 시간 걸리죠. 제가 모아 둔 자료 있는데 드릴까요?"

"어머, 감사해요. 자료도 많은데 왜 그걸 사용 안 하시고….”

"올해 아침 활동에는 학생들에게 긍정 에너지를 줄 수 있는 걸 해 보고 싶어서요."

새학년맞이 연수를 받을 때 곽 선생의 마음을 특히 사로잡은 것이 아침 활동이었다.

"모든 가정의 부모가 아이들에게 행복감과 긍정성을 불어 넣어 주는 것은 아니다. 가정에서 어떤 상태로 있는지 교사들은 알 수가 없다. 아침 활동에서 긍정 에너지로 전환하고 학생들의 잠재의식에 자신이 소중한 존재임을 알려 주는 것이 좋다."

곽 선생이 연수 중 가장 공감하고 고개를 끄덕였던 양 수석의 말이었다. 곽 선생 부부가 아침부터 언쟁을 한 날은 아들 서준이도 어린이집에 가는 걸 싫어했다. 어린이집 앞에서 울고불고 떼를 썼다. 그러면 곽 선생도 짜증이 난 채로 출근하곤 했다. 그런 날은 학생들에게 더 엄하게 대했다. 우리 반 학생들도 마찬가지일 거라는 생각이 들었다. 교실 문을 열기 전에 어떤 상태였을지 알 수 없다. 아침 활동은 긍정 에너지 전환을 위한 수업 전 활동이어야 했다.

"안녕, 애들아. 굿모닝, 행복한 아침이야! 오늘도 함께해 줘서 고마워!"

곽 선생은 교실 문을 열며 먼저 등교해 있는 학생들에게 큰소리로 인사했다. 학생들이 놀라 쳐다보며 인사를 했다. 곽 선생은 교실에 들어오는 학생들에게 밝게 먼저 인사를 했다. 아이들의 얼굴에 미소가 퍼졌다.

"오늘 아침 활동은 '고마워 교실'의 긍정 확언으로 시작해 보겠습니다."

"오늘도 즐겁고 설레는 하루가 시작되었습니다. 나는 나를 있는 그대로 사랑합니다."

학생들의 우렁찬 목소리가 교실에 울려 퍼졌다.

[5] 긍정 확언 만들기

1. 학교의 아침 활동 시간을 고려해서 긍정 확언은 10개 이내로 하는 것이 적절하다.
2. 학년에 따라 가짓수를 조절하는 것이 좋다.(1학년 5개 정도)
3. 매일 아침에 3번 정도 반복해서 소리 내어 말한다.
4. 긍정 단어로 쉽고 간단하게 조합한다.

긍정 확언 예시

- 오늘도 즐겁고 설레는 하루가 시작되었습니다.
- 나는 나를 있는 그대로 사랑합니다.
- 나는 용기가 있고 나를 믿습니다.
- 나는 배우는 것을 좋아합니다.
- 나는 나의 미래가 자랑스럽습니다.
- 고마워 교실의 친구들은 모든 것에서 고마움을 발견합니다.
- 고마워 교실의 친구들은 '고마워'를 소리 내어 말합니다.

화냄은
단호함이 아니다

"수업 시간에는 조용히 해야지."

4교시에 곽 선생은 참다못해 한마디 했다. 그러자 현수가 입을 삐죽거리며 말장난하듯이 대꾸했다.

"왜요? 저희 안 떠들었어요. 궁금한 거 질문하는 것도 잘못이에요? 궁금한 거 있으면 친구나 선생님에게 언제든지 물어보라면서요."

주변 학생들은 재미있다는 듯이 웃음을 터뜨렸다. 틀린 말은 아니지만 곽 선생은 기분이 언짢았다. 이런 상황에 놓이자 고마워 교실을 선언한 것도, 긍정 확언을 한 것도 후회스러웠다. 솔직히 말하면 어제부터 현수가 거슬렸다. 교사가 말하는 중간 중간에 툭 튀어나오는 현수의 말과 말투, 다른 학생들이 활동하는데 계속 말을 걸어서 훼방을 놓는 현수의 모습이 불편했다. 그럼에도 불구하고 고마워 교실을 선언했기 때문에 곽 선생은 버티었다. 웃어 주고 부드러운 말을 한 자신을 만만하게 생각한 것이라고 생각하니 그저 괘씸했다.

"수업과 관련 없는 말은 전혀 안 했니? 너희들 때문에 수업이 엉망이잖아. 다른 애들 생각은 안 하니?"

현수에게 단호하게 알려 주려 했는데 순간 목소리가 높아졌다. 순식간에 교실은 얼어붙었다. 곽 선생은 놀라서 굳어 버린 학생들의 얼굴을 보았다. 아차, 싶었지만 이미 엎질러진 물이었다. 어색하게 미소 지으며 다시 수업을 시작했다.

"수석선생님, 저희 반 고마워 교실은 3일 만에 실패했어요."

곽 선생은 점심시간에 수석실 문을 반쯤 열고 들어서지도 나가지도 않는 상태로 문 앞에 서서 하소연하듯이 말했다. 들어서지도 못한 채 결론만을 말하는 곽 선생에게 양 수석은 차 한 잔 하자며 손목을 잡아당겼다.

"우리 반에 현수라는 학생이 자꾸만 수업 방해를 해서…."

곽 선생은 수석실 의자에 털썩 앉으며 학급에서 있었던 일을 주저리주저리 말했다. 그러다가 괜스레 미안해져서 첫날의 성공담도 늘어놓기 시작했다. 실패 이유가 마치 양 수석 탓처럼 여겨질 것 같았다. 모든 것이 고마워 교실 프로그램 잘못인 것처럼…. 도둑이 제 발 저리듯 곽 선생은 혼자서 이 말 저 말을 떠들었다.

"우와! 곽 선생님, 대단하시네요. 첫날 정말 멋지게 해내셨네요. 그런데 실패라니요? 전혀 실패가 아니고 완전 성공이에요. 고마워 교실의 기본 원리만 배우고 바로 적용해 본 것만으로도 선생님은 이미 성공하셨어요."

양 수석의 칭찬에 곽 선생은 조금 기분이 좋아졌다. 맞는 말이다. 어제는 분명 스스로 시도해 봤다는 것만으로 대단하다고 생각했다. 심지어 어제는 퇴근해서 귀염둥이 아들에게도, 남편에게도 계속 '고마워'를 말했다. 오늘도 학생들에게 '고마워'라는 말을 정말 많이 사용했다.

"하지만 학생들이 부정적인 행동을 할 때는 어떻게 해야 할까요? 단호하게 말하려다 보니 화냄으로 표현되는 것 같아요."

"맞아요. 화냄이 단호함은 아니죠. 학생들에게 단호함은 꼭 필요하지만 올바른 접근이 필요해요. 규칙을 명확히 전달하며, 학생들에게 일관된 메시지를 주어야 해요. 다음 5교시에 선생님 반에서 제가 한 시간 시범수업을 하면 어떨까요?"

예상치 못한 양 수석의 제안에 곽 선생의 안색이 밝아졌다.

1분
책상 정리 놀이

"안녕하세요? 4학년 3반! 4학년이 된 것을 축하해요."

5교시, 예정에 없던 수석선생님의 등장에 학생들은 잠시 웅성거렸다.

"이번 시간에는 공책과 연필 지우개만 있으면 돼요. 책상 위 물건 정리 미션을 시작해 볼게요. 1분이면 되겠죠? 시~작!"

미션을 부여받은 학생들의 몸놀림이 빨라지기 시작했다. 책상 정리? 그제야 곽 선생 눈에 학생들의 책상이 들어왔다. 학생마다 책상 위에 필통, 읽다 만 책, 마시던 물통과 아직 마시지 않은 우유팩 등 각양각색의 물건이 펼쳐져 있었다. 곽 선생은 1교시 수업에 현수의 물통이 떨어져 수업 분위기가 흐트러졌던 순간이 떠올랐다.

"안녕? 수석선생님이 정리 좀 도와줄까?"

미션이 수행되는 동안 양 수석은 은지에게 다가가 적극적으로 책상 정리를 도와주었다. 은지도 싫지 않은지 수석선생님과 함께 호흡을 맞춰서 정리했다. 곽 선생도 학습 활동이 느린 은지를 주의 깊게 살펴보고 있었다. 조용했지만 아무것도 하지 않고 주변이 흐트러져 있는 학생이었다.

"우와, 정말 깨끗하다. 고마워! 4학년 3반 학생들. 정리정돈의 미덕이 빛납니다."

정말 순식간에 4학년 3반 24명의 책상 위와 주변이 정리정돈되었다. 아이들의 얼굴에도 미소가 번졌다. 이거였다. 곽 선생의 눈이 반짝이기 시작했다. 책상 정리정돈 미션을 통해서 단호하지만 부드럽게, 게다가 친절까지…. 이렇게 순식간에 즐겁게 해결할 수 있는 거였다.

경청 연습
참 좋은 생각이야

"이번 시간은 짝놀이를 해 볼 건데요. 먼저 짝과 서로 이름과 작년에 몇 반이었는지 딱 10초만 이야기해 보세요. 시작!"

순식간에 교실이 시끄러워졌다. 대화하기엔 10초는 너무 짧았다. 아무 말도 못한 아이들도 있는 듯했다. 하지만 학생들의 표정은 밝아져 있었다.

"두 번째로 자기가 좋아하는 음식, 취미, 색깔 등도 이야기할 건데요. 이때 눈은 어디를 보아야 할까요?"

"말하는 사람이요."

양 수석은 학생들과 대화를 주고받으며 짝놀이의 규칙을 하나씩 정해 갔다.

- 몸과 시선이 짝을 향하기
- 상대가 말할 때 고개를 끄덕이기
- 상대의 말에 엄지척하기

"좋아요. 짝놀이 규칙을 지켜 가면서 이번에는 각자 20초 동안 좋아하는 음식, 취미, 색깔에 대해서 이야기 나누어 보세요."

대화를 하면서 학생들이 고개를 끄덕이고 엄지척하면서 웃고 있었다. 이야기 소리에 교실은 소란스러웠지만 곽 선생은 짝끼리 서로를 바라보고 몰입해서 대화하고 있는 모습이 그저 신기했다. 곽 선생은 10초, 20초, 대화의 시간이 너무 짧아서 아쉽다는 생각을 했다.

"와우! 대화하는 모습이 정말 멋져요. 고마워요! 여러분이 한 행동이 바로 존중의 행동이에요. 상대를 존중한다는 것은 어렵지 않아요. 이렇게 행동해 준다면 상대도 나도 존중받았다는 느낌을 가지게 되지요. 지금 여러분이 수석선생님을 바라봐 주고, 고개를 끄덕여 주면서 듣고 있잖아요. 4학년 3반 친구들이 수석선생님을 존중해 주고 있다는 걸 느끼게 되어서 정말 기뻐요."

정말 모든 학생이 바른 자세로 양 수석을 바라보고 있다는 걸 곽 선생도 느꼈다. 학생들의 긍정성을 더 강화해 주는 양 수석의 진심 어린 칭찬이 돋보였다. 즉시성. 양 수석은 학생들의 행동에 바로 칭찬으로 긍정적 피드백을 하고 있었다.

"세 번째는 '참 좋은 생각이야.'라는 말을 넣어서 대화해 볼게요. 따라 말해 볼까요?"

"참 좋은 생각이야."

행복한 4학년 3반을 위해서 어떤 규칙이 필요할지 1분 동안 짝대화하는 모습을 보면서 곽 선생은 자신을 되돌아보았다. 짝대화를 안하면 왜 안 하냐고 다그쳤고, 상대의 말을 잘 안 들어 주는 학생들에게 그런 행동은 잘못된 것이라고 지적하기만 했던 자신의 모습을 떠올렸다.

'이렇게 단계적으로 연습을 하게 했어야 했는데….'

그런데 경청 연습과 단호함이 무슨 관련이 있는 건지 곽 선생은 궁금해졌다.

교실의
약속 만들기

교실에 필요한 규칙을 학생들이 포스트잇에 썼다. 양 수석은 하나에 한 가지씩만 쓰도록 했다. 5개의 규칙을 5개의 포스트잇에 적도록 하고 칠판에 부착시켰다. 아이들에게는 책상에서 일어나서 칠판에 포스트잇을 붙이는 것도 놀이였다. 칠판 가득 포스트잇이 붙었다. 곽 선생이 시계를 보니 이제 겨우 15분 정도 흘렀을 뿐이었다. 경청 연습도 하고 규칙 만들기까지 하다니 양 수석은 학습 효율과 효과 두 마리의 토끼를 잡고 있었다.

"같은 규칙끼리 분류해 볼게요."

학생들이 쓴 규칙은 대동소이했다. 수업 시간에 떠들지 않는다. 복도에서 뛰지 않는다. 선생님께서 말씀할 때 끼어들지 않는다. 욕하지 않는다. 곽 선생은 그럴 줄 알았다는 듯이 고개를 끄덕였다.

"복도에서 뛰지 않는다의 규칙이 제일 많네요. 그런데 복도에서 뛰지 않는 것은 어떻게 하는 행동인가요?

학생들이 사뿐사뿐 걷는다라는 답을 동시에 했다. 하지만 양 수석의 말은 달랐다.

"저는 복도에서 뛰지 말라고 해서 기어 다녀야 하나? 창문을 넘나들며 다녀야 하나? 고민이 되네요."

학생들이 일제히 '와' 하고 큰 웃음을 쏟아 내었다. 뛰지 말라고 했더니 기어 다니려는 양 수석의 말이 재미있었던 것이다. 곽 선생은 이 말을 듣는 순간 알아차렸다. '~하지 말자' 등의 부정문은 규칙을 지키기 어렵다는 사실이다. 구체적으로 어떤 행동을 할지가 명확해져야 그 규칙을 지킨 학생들에게 긍정성을 강화시켜 줄 수도 있고 잘못된 행동 교정도 가능하다는 것이다. 맞다. 이렇게 지도했어야 했다. 그래야 단호하게 말할 수 있다.

"이 규칙은 어떻게 고치는 것이 좋을까요? "

복도에서 오른쪽으로 천천히 걷기. 학생들은 어떤 행동을 해야 할지 정확하게 수정했다. 나머지 규칙들도 구체적인 행동으로 바꾸었다. 이 중에서 3월에는 딱 2가지만 선택해서 실천해 보자고 제안했다.

- 복도에서 뛰지 않기 → 복도에서 천천히 걸어 다니기
- 수업 시간에 떠들지 않기 → 수업 시간에 짝대화를 적극적으로 하기

학생들이 수정한 것을 그대로 받아들여 3월 규칙으로 정했다. 학생들은 2가지 정도는 잘 지킬 수 있다고 큰소리 쳤다.

"여러분, 선생님도 부탁할 게 있어요. 수업을 할 때 선생님이 불편해서 수업하기 힘든 것이 있어요. 지켜 주었으면 좋겠어요."

- 학교에 오면 가방을 정리해서 보관함에 넣어요.
- 수업 전에 책상 위에는 교과서, 공책과 연필, 지우개만 두어요.
- 물은 휴식 시간에만 마셔요.(물병은 지정 장소에 두기)

"이 3가지는 수업을 방해하는 요소들이에요. 어질러진 가방과 책상 위는 짝이동 학습을 할 때 다른 친구들에게 방해가 되고요. 수업 도중에 한 친구가 물을 자꾸만 마시고 물병을 떨어뜨리게 되면 물을 쏟기도 하고 수업에 방해가 될 때가 많아요. 부탁해도 될까요? 이 활동을 하기 어려운 친구가 있을까요?"

학생들은 양 수석의 말에 고개를 끄덕이며 모두 동의했다. 곽 선생은 수업을 참관하면서 연수받을 때 느꼈던 호기심과 설렘이 되살아났다. 특별한 도구를 사용한 것도 아니었다. 그냥 학생들의 생각들을 꺼내고 그것을 다시 질문하고 연결하는 것이 좋았다. 지금까지 교사를 하면서 학급 규칙이 잘 이행되지 않았던 반복적인 고민과 문제점들을 해결할 수 있는 실마리가 생겼다.

[6] 단호함을 위한 약속 만들기

1. 누구나 실천할 수 있는 쉽고 간단한 것

예) 학교에 오면 가방을 정리해서 사물함에 넣기

2. 분명해서 논란이 없는 것

예) 물병은 지정 장소에 두고 쉬는 시간에만 마시기

3. 매일 또는 매주 정기적으로 일어나는 활동

수업 전 책상 위에 교과서, 공책, 연필, 지우개만 준비하기

4. 즉각적 칭찬이 가능한 것

우리 반 모두 책상 위에 꼭 필요한 물건만 있네요. 고마워요.

5. 약속의 개수를 최소 3개에서 5개 이내로 하기

단호함은 지속적이고 즐겁게

정리정돈을 즐거운 놀이로 책상 주변을 정리정돈하는 법을 연습시키기

① 1분 안에 가방 정리 및 책상 위 정리 미션 함께하기

② 완료 후 격려와 고마움 표현하기(너희는 진짜 실천력이 뛰어나다. 작은 것을 무시하지 않고 정성스럽게 하는 너희들이 정말 멋지고 감동스럽단다. 고마워.)

• 매일 반복하면서 습관화하기 : 칭찬과 격려하기

• 실행하지 않는 학생에게는 도움을 주면서 끝까지 실행하게 하기

• 이 문제에 대해서는 단호하게 연습시키기

[★2] 가정에서 올바른 훈육 방법

부모가 되면 자녀를 어떻게 키워야 할지 고민이 된다. 자녀를 잘 키우고 싶은 욕심은 어느 부모에게나 있다. 디지털화된 세상에는 정보가 넘쳐난다. 그래서 자녀에게 딱 맞는 정보를 찾기가 어렵다. 그러다 보니 '카더라 통신'에 휩쓸리게 된다. '어느 학원이 좋다더라.', '누가 잘 가르친다더라.' 등 소문은 있고 실체는 없는 그곳을 향해 간다.

내 자녀를 위하는 교육은 다른 누군가가 아니라 부모의 올바른 훈육에서 시작된다. 많은 전문가가 말한다. 아이의 문제 뒤에는 부모가 있다. 물론 부모만이 아니라 사회적 상황도 함께한다. 그러나 가정에서의 훈육이 그 어느 때보다 중요하다는 것은 논할 여지가 없다. 그러면 훈육은 어떻게 해야 할까?

물리적인 폭력을 동원해서 해서는 안 된다. 훈육(訓育)은 한자 그대로 '말로서 물 흐르듯이 자연스럽게' 지도하면 된다. 말로 하면 된다고 해서 다 되는 것도 아니다. 말도 폭력이 될 수 있다. 비속어, 욕, 높은 언성, 강압적인 말투 등은 또 다른 폭력이다. 부모로부터 이런 훈육의 과정을 겪은 아이들은 성장하면서 부모가 한 모습을 그대로 드러낸다. 그래서 부모의 훈육이 어려운 것이다.

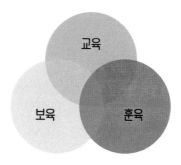

학교 교육을 제대로 받기 위해서는 기본적인 품성을 갖추도록 부모가 훈육해야 한

다. 품성 지도를 받고 온 학생들은 해야 할 행동과 하지 말아야 할 행동을 구분하고 학교생활에 임하게 된다. 그러나 요즘은 가정에서 훈육 과정을 거치지 않고 오는 학생들이 늘어나는 추세이다.

그러면 가정에서 훈육은 어떻게 해야 할까? 부모 입장에서 자녀에게 가르쳐야 할 것이 많다 보니 자꾸만 말하게 되는데 이것이 자녀들의 입장에서는 잔소리가 된다. 말로 지도할 때 잔소리가 되어서는 안 된다. 아이들이 듣기 싫은 잔소리로 전락하면 부모 자식과의 관계도 망치게 된다.

자녀에게 문제가 되는 행동 교정을 위해서는 규칙을 정하고 그 규칙에 대한 일관된 태도를 지녀야 한다. 긍정적 강화를 위해서 노력해야 한다.

훈육과 관련한 가장 보편적인 말이다. 하지만 어렵다. 부모라고 해서 일관된 삶을 살아가기도 어렵다. 부모도 감정을 가진 사람이다. 그러나 부모가 된 이상 노력해야 한다. 지속적인 노력을 통해서 점점 발전하고 성장해 가는 것이다.

'고마워'로 존재와 행위를 분리하라

아이든 어른이든 누구든 자신의 행동에 대해서 지적을 받으면 방어 태세가 된다. 생존 본능이다. 부모가 아무리 부드러운 어조로 말했다고 하더라도 마음속에 불편함이 남기 마련이다. 행동에 대한 교정이었음에도 불구하고 존재를 부정받는 느낌을 받게 된다. 그래서 존재에 대한 인정을 말해 주어야 한다.

'엄마 이야기 끝까지 잘 들어 줘서 고마워.'

마무리에 전하는 '고마워'가 필요하다. 또한 평상시에 자녀의 존재를 인정하는 말을 자주 들려주어야 한다. 평소 부모로부터 존재에 대한 인정을 받은 아이들은 자존감이 올라간다. 자존감은 긍정적 행동을 강화시켜 준다. 훈육에서 중요한 요소는 자녀의 존재 자체에 대한 감사함이다.

① 부모와 자녀가 대화를 해서 교정해야 할 행동을 1~2개 정도 정한다. 지켜야 할 것이 너무 많으면 교정이 어려워진다.

② 자녀가 정해진 약속을 지킬 때 : 긍정적 칭찬을 자주 해 주어야 한다.

③ 자녀가 지키지 않았을 때 : 부정적 표현 대신 애정, 교정, 감사의 순으로 말한다. 또는 질문한다.

"내가 몇 번을 말했니. 어떻게 이렇게 말귀를 못 알아듣니?" 같은 부정적인 말은 삼가야 한다. 긍정적으로 말해 보자.

"가방은 어디에 두기로 했지?" 또는 "요즘 가방 제자리에 잘 두고 있어서 좋았는데, 오늘은 가방이 놀러 나왔네. (자녀의 행동) 고마워!"

부드럽고 일관된
단호함

"수석님, 오늘 수업 너무 좋았어요. 덕분에 많이 배웠어요. 그런데 단호함은 어떻게?"

곽 선생은 아직도 해결되지 않은 고민에 고개를 갸웃거리며 질문했다. 학생들의 부정적 태도에 대한 단호함을 위해 수업해 주신다고 했는데 엉뚱하게 존중의 약속을 정했을 뿐이다. 교실의 존중 약속은 학기초가 되면 늘 해 오던 활동이었다. 단지 약속 이행이 잘 되지 않을 뿐이었다.

"곽 선생님, 단호함은 언제, 왜 필요하고 어떤 모습이어야 할까요?"

"단호함은 잘못된 것을 알려 주기 위해서, 주변 사람을 괴롭히지 않게 하기 위해서 교사가 취해야 할 태도라고 생각해요. 그동안은

권위적인 태도나 화를 내는 것을 단호함이라고 착각했다는 생각도 들어요. 화냄이 단호함이 아닌 것은 분명하지만 어떤 모습이 단호함 인지 모르겠어요."

곽 선생은 15년 차가 되어 가는 경력이지만 '단호함'의 정의에 대해 제대로 생각해 본 적이 없다는 사실을 깨달았다. 문제 행동을 하는 학생들은 교사가 엄하게 화를 낸다고 해서 문제 행동을 멈추지 않는다. 화 한 번 내어서 학생의 문제 행동이 교정된다면 얼마나 좋겠냐만 그런 일은 일어나지 않는다는 걸 모두가 안다.

"언제 어떤 방식으로 단호해야 할까요?"

수업 시간에 아이들이 떠들 때? 역할 활동을 안 했을 때? 우유를 마시다 쏟았을 때? 친구랑 싸웠을 때? 욕을 했을 때? 다양한 부정적 상황이 스쳐 지나갔다. 이러한 상황에서 화를 내는 것이 단호함을 표현하는 적절한 방법이 아니라는 점은 명백했다. 곽 선생의 머릿속이 복잡했다.

"아! 어려워요. 수석님, 언제 단호해야 하죠?"

"어떤 학생이 다른 학생을 마구 때리는 것을 봤을 때 곽 선생님은 어떤 행동을 취하실 건가요?"

"당연히 뛰어가서 말리고 두 학생을 떼어놓고 그만하라고 해야지요."

"네. 맞아요. 물리적 폭력을 멈추게 하기 위해 '하지 마세요.'라고 명확하고 단호하게 말해야 합니다. 이때 웃으며 말하는 교사는 없을 겁니다. 물리적 폭력의 순간에는 엄한 단호함이 필요합니다. 이후 학생을 상담할 때 엄하고 화내는 모습으로 해야 할까요?"

양 수석은 곽 선생에게 수업참관과 컨설팅한 내용을 기록해 두면 좋겠다고 했다. 분명 도움이 될 거라며 교실을 떠났다. 곽 선생은 일지를 쓰기 시작했다.

<3월 4일 수업참관 및 컨설팅 일지>

수업의 시작은 책상 정리부터였다. 그것은 놀이였으며 (중략) 학생들이 문제 행동을 일으킬 때는 여러 가지 요인이 있다. 그 문제에 대한 해결점을 모든 교사가 가질 수는 없다. 학생들의 문제 행동의 발생 원인을 정확히 알 수 없기 때문이다.

학생들의 학생 태도와 생활 태도를 바르게 연습할 수 있도록 지도하기 위해서 약속된 활동이 필요하다. 바로 교실의 약속이다. 잔소리라고 여겨질 만큼 자주 상기시켜 주고 긍정적 행동에 대해서는 칭찬을 하는 것이다. 그러면 단호함은 일관되고 지속되는 것에서 시작한다. 소리치지 않아도 된다. 책상 위에 물병이 올라가 있으면 어떻게 해야 할까?

"물병은 어디에 두어야 할까? 고마워!"

그냥 웃으며 부드럽게 질문하면 된다. 치우라는 명령이 아니다. 다시 질문해서 약속을 상기시켜 주고 고마움을 전하면 된다. 약속한 행동에 대한 일관되고 지속적인 교사의 행동이 단호함이다. 학생들도 교사의 일관된 행동에서 단호함을 배우게 된다.

존재에 대한
고마움

"문제 행동을 교정하려면 무엇이 우선되어야 할까요?"

무슨 말인지 곽 선생은 양 수석의 질문을 이해하지 못했다. 어리둥절한 곽 선생에게 다시 질문이 던져졌다.

"학생의 문제 행동이 미울까요? 그 학생이 미울까요?

곽 선생은 이론적으로는 문제 행동을 미워해야 한다는 것을 알고 있다. 하지만 초임시절을 되돌아보면 처음에는 학생의 행동이 싫었지만 점차 그 학생이 문제처럼 여겨졌다. 그래서 그 학생을 미워했다. 그냥 그 학생이 학교에 안 왔으면 하는 생각을 한 적도 있었다.

"교사가 학생의 문제 행동을 교정하려고 할 때 학생들은 자신의 존재를 무시당한다고 여기게 돼요. 그래서 자신의 존재를 부각하기 위해서 더 나쁜 행동을 하기도 합니다. 그래서 학생의 문제점을 교정할 때는 그 학생의 존재를 인정하는 말을 꼭 해 주어야 해요. 존재를 인정하는 것이 필수적입니다.

"아하! 고마워 샤워."

곽 선생은 기억이 났다. '고마워'라는 말을 많이 들으면 존중받는 것을 마음으로 간직하게 된다고 했다. 그것이 존재를 인정하는 말이 된다고 했다. 양 수석이 강조했던 말이 이제야 생각났다. 그래서 단호함을 지속하기 위해서는 고마워 샤워가 필요하다. 오늘은 몇 번쯤 말했지? 곽 선생은 곰곰이 생각해 보니 첫날은 100번도 넘게 했고, 어제도 나름 열심히 했는데, 오늘은 10번도 채 안 했다는 것을 깨달았다.

들어야 말하고 행동할 수 있다
고마워 샤워

"캇타 라흐마트!"

"선생님, 제가 방금 뭐라고 말했을까요?"

"아무도 모르시겠죠? 우즈베키스탄어로 '정말 고맙습니다.'라는 뜻이에요. 여러분이 한 번 말해 보시겠어요?"

"네? 제가 언어 천재도 아니고 한 번 들었다고 어떻게 알아요. 다시 말씀해 주세요."

"맞습니다. 선생님. 사람은 자기가 들어 본 말만 할 수 있어요. 다르게 이야기하면 자기 마음에 있는 것만 말할 수 있는 거죠. 고마워 교실 프로그램을 많은 선생님이 시도하고 또 실패합니다. 이유가 뭘까요?"

"선생님들께서 학생들에게 '고마워'를 시키기 때문입니다. 학생들은 고마워를 배운 적이 없다는 걸 기억해야 해요. 들어 보지 못한 말을 하라고 하면 누구도 하기 어렵죠. 우즈베키스탄어를 들어 본 적이 없는 사람이 우즈베키스탄어를 말할 수 없는 것처럼요."

그렇다. 하루 100번 했다고 학생들에게 고마워가 스며들지 않았을 텐데…. 고작 3일이 지났을 뿐이다. 연수 때 또랑또랑하게 말하던 김 선생의 목소리가 들려오는 듯했다. 김 선생은 3년 전부터 고마워 교실을 조금씩 시도하고 있는 교사답게 자신 있게 말했다.

"그래서 교사가 먼저 '고마워'를 많이 말하고 들려줘야 해요."

곽 선생은 3살 아들 서준이가 생각났다. 서준이가 처음 '엄마'라는 말을 하기까지 서준이를 보며 수천 번은 더 '엄마'라고 이야기해 줬던 자신의 모습이 떠올랐다. 우리 반 학생들도 서준이와 똑같을 것이다. 오늘 내가 한 행동은 뭘까? 겨우 3일 하고서 학생들에게 모든 것이 다 이루어지길 원한 것은 아니었을까? 학생들에게 겨우 3일간 고마워를 외치고 긍정적인 교실이 되는 걸 바라는 것은 욕심이라는 걸 깨달았다.

"고마워 교실에서는 반드시 교사가 먼저 고맙다고 해야 합니다. 이 순서를 지켜야 고마워 교실이 성공할 수 있습니다. 선생님께서 먼저 학생들에게 하루에 100번씩 고맙다고 이야기해 주세요."

부정의 상황에서도
'고마워!'

드디어 새 학기 첫 주 마지막 날, 금요일이었다. 곽 선생은 주말 생각에 기분이 좋았다. 비록 3일 차에 현수가 말대답을 하는 바람에 화를 내긴 했지만 학급 규칙도 정하고 질서도 세웠다. 출근하면서 3월에는 '고마워 샤워'에 최선을 다하겠다고 다시금 결심했다.

1교시까지는 순조로웠다. 학생들 발표가 끝나면 '고마워'라고 하는 자신의 모습에 곽 선생은 뿌듯하기까지 했다. 2교시 수업 종이 울리고 다른 학생들은 자리에 앉아 다음 시간을 준비하는데 현수는 아랑곳하지 않고 사물함 근처에서 장난을 치고 있었다. 다른 학생들이 책상 정리를 모두 마치고 교과서를 꺼낼 때까지 현수는 낄낄대며 그 자리에 있었다.

'또 현수 너니? 자리로 빨리 돌아가.'

곽 선생은 당장이라도 큰 소리로 외치고 싶었다. 하지만 이를 꽉 깨물고 나즈막이 말했다. 아침의 결심을 실천했다.

"고마워. 현수야."

낄낄대던 현수가 갑자기 동그란 눈으로 곽 선생을 쳐다보았다. 그러고는 멋쩍은 웃음을 지으며 자리로 돌아갔다. '그냥 한 번 말해 본 건데… 이게 뭐지?' 곽 선생은 방금 눈앞에 일어난 일을 보고도 믿기지 않았다. 아무런 지적 없이도 현수가 제자리로 돌아간 것이다. 누군가가 마법을 부린 것만 같았다.

★ 교실 실천 가이드 ★

[7] 고마워 샤워 Q&A
고마워 샤워는 하루에 '고마워'를 100번 이상 말하는 것이다. 교사가 학생들에게 존재를 인정해 주는 말이다. 3월의 고마워 샤워는 교사가 말하는 시기이다. 학생들은 듣기 활동인 셈이다.

Q. 어느 순간에 어떻게 '고마워'라고 표현해야 하나요?
결론부터 말하자면 대뜸 한다고 여겨질 정도로 그냥 막 '고마워'라고 말하면 된다. 사람에 대한 존재 자체의 고마움을 담고 있기 때문에 그냥 말하는 것이다. 조건을 달지 않고 말하면 더 좋다. 그래야 '고마워'를 편안하게 말하게 된다. 말을 한다는 것은 입말이라고 한다. 입말은 입 밖으로 꺼내는 말, 글말은 글로써 표현하는 말이다. 입말을 한다는 것은 상황과 상대가 바로 앞에 있다는 것이니 굳이 조건이나 이유를 들지 않아도 상대가 '고마움'을 바로 받아들일 수 있다.

Q. 고마워 샤워는 교사도 100번, 학생도 100번 말하는 건가요?

'고마워' 말하기의 시작은 교사이다. 교사가 먼저 말하고 학생에게 들려준다. 교사가 하루에 100번 이상 '고마워'를 말함으로써 학생에게 '존재의 고마움'을 전한다. 3월은 교사가 먼저 '고마워'를 말하고 학생이 '고마워'를 많이 듣게 해 주는 과정이다. 4월부터는 본격적으로 학생 활동으로 확대해 가면 된다. '고마워'라는 말을 많이 들어야 아이들도 '고마워'라는 말을 할 수 있게 된다.

Q. 많이 말하는 것은 좋은데 100번은 너무 많지 않나요?

많다, 적다라는 표현은 어떤 기준이 있어야 한다. 5번을 기준으로 하면 10번은 많은 거지만 기준이 100번으로 바뀌면 엄청 작은 값이 된다. 100번이라는 숫자 정도의 기준이 있어야 '고마워'를 많이 하는지 안 하는지 알아차릴 수 있게 된다. 고마워 샤워 100번은 알아차림의 순간을 만나게 하는 일이다.

Q. 하나도 고맙지 않은데요?

하나도 고맙지 않다는 것은 고마움에 대한 정의가 달라서이다. 고마움을 어떤 도움이나 이익을 얻었을 때만 느끼는 것으로 생각하기 때문이다. 세상에는 당연함은 없다는 인식이 필요하다. 물, 공기, 햇빛 등에 대해 평소에 고맙다고 말하는 사람은 드물다. 관점을 바꾸면 교실에는 수많은 고마움이 있다. 함께 찾아보자.

4-5월

고마워,
말이 교실을 바꾼다

모든 것을
한꺼번에 다 하려고 하지 마라

"화장실 갈 시간도 없어. 기저귀를 차고 왔어야 할 정도야."

곽 선생은 초임시절 부장님 말씀이 떠올라 웃음이 났다. 오늘이 그랬다. 이유도 없이 바빴다. 그래도 1학년 선생님들보다는 4학년 담임이 좀 더 여유가 있을 거라 위안하며 교실을 둘러보았다.

'우리 반이라서 고마워.'

첫날 학생들을 환영하면서 교실 벽면에 붙여 두었던 가렌더가 눈에 들어왔다. 고마워 교실 운영을 위해서 '하감미소배움터'에 올려진 자료를 다운받아서 그대로 붙여 둔 것이다. 곽 선생은 3월만 되면 불안감에 스트레스가 있었다. 고마워 교실 프로그램을 운영한다고 해서 불안과 긴장감이 사라진 것은 아니다. 그러나 설렘과 평온함을 느낄 때가 있었다. 컴퓨터 하단에 붙여 둔 메모지가 눈에 들어왔다.

3월은 고마워 샤워, 고마워 미소, 고마워 알림장. 모든 것을 한꺼번에 다하려고 하지 마라.

양 수석이 곽 선생에게 준 솔루션이었다. 능력자 김 선생의 학급 운영을 그대로 따라 했다가는 가랑이가 찢어질 수 있다. 좋은 프로그램을 받아들이고 운영하는 것도 중요하지만 현재 자신의 역량을 먼저 아는 것이 중요했다. 양 수석은 마라톤을 완주하고 싶다고 해서 바로 할 수는 없는 법이니 올해는 풀코스가 아니라 5km나 10km의 완주를 권했다.

3월 한 달 동안 어떤 일이 있었지? 양 수석은 3월 학급일지를 그냥 떠오르는 대로 쓰라고 했지만 곽 선생은 막막했다. 표도 좋다. 뭐든지 좋으니 쓰기만 하면 된다. 양 수석이 어찌나 강조를 하던지. 곽 선생도 떠오르는 대로 몇 가지를 썼다. 그런데도 기억이 잘 안 나서 수첩을 뒤적였다.

"곽 선생님, 아직 퇴근 안 하셨어요? 오늘 서준이는 누가 돌보는데요?"

지나가던 오 선생이 놀라서 문을 열었다. 곽 선생은 어린이집에 있는 서준이를 데리러 간다고 허둥지둥 퇴근하는 게 일상이었다. 오늘은 남편이 2박3일 출장을 갔다 오면서 일찍 도착했다는 연락을 받은 터여서 여유가 있었다.

"3월 한 일 / 고마워 교실 운영 / 교사 변화 / 학생 변화 / …"

컴퓨터 화면에 적혀 있는 글을 오 선생이 읽었다.

"양 수석님께 컨설팅 받으시는 거예요? 양 수석님은 다 좋은데 자꾸만 수업참관일지, 자신의 변화 등을 기록하라고 하더라고요. 저는 그게 싫어서 작년에도 수업참관만 의무적으로 참석하고 다른 건 안 했어요."

오 선생이 가고 나서 수첩을 다시 보니 '현수'라는 이름이 보였다. 맞다. 현수. 3월 한 달은 특히 현수를 존재에 대한 고마움으로 바라보려고 노력해 왔다. 그 덕분이었는지 현수의 부정적 행동에도 '고마워'로 일관되게 웃으며 대처하게 되었다. 그렇다고 현수의 부정적인 행동이 개선된 것은 아니었다. 단지 곽 선생이 유연하게 대처하고 있어서 교실의 에너지가 완전 부정으로 흐르지 않았을 뿐이었다. 현수가 곽 선생에게는 3월의 큰 배움이었다.

고마워
알림장

바라볼 게 많아서 '봄'

예쁜 꽃이 많아서 '봄'

우리 반이 좋아서 '봄'

봄꽃처럼 아름다운 아이들 저희 반에 보내주셔서 고맙습니다. 저희 반은 '고마워 교실'입니다. 고마워로 설렘과 행복으로 가득 찬 3월이었습니다. 모두가 학부모님의 사랑과 관심 덕분입니다. 4월도 역시 행복한 성장으로 나아가겠습니다. 고맙습니다. 감사합니다.

– 3월의 마지막 날, 담임 드림

곽 선생은 5년 전 지훈이와 민수 사건이 떠올랐다. 초임시절에 힘들었던 기억으로 학부모를 대하는 게 불편했는데 지훈이 엄마와의 사건 이후로는 학부모와의 관계가 불편을 넘어 불안했다. 그래서일까? 양 수석이 '고마워 알림장'을 소개했을 때 부정적이었다.

'알림장은 원래 숙제나 준비물을 적는 공간 아니던가?'

곽 선생으로서는 학부모에게 '고마워'를 전달한다는 것이 무의미해 보였다. 글 한 줄이 학부모와의 신뢰를 돕는다고? 마음에 전혀 와닿지 않았다. 그래서 컨설팅 과제로 부여받은 것 중 고마워 샤워와 고마워 미소는 열심히 해 왔지만 고마워 알림장은 진행하지 못하고 있었다.

고마워 알림장을 막상 시작하려니 쉽지 않았다. 이럴 땐 다른 선생님들이 친절하게 안내해 준 것을 따라 해 보면 된다고 김 선생이 말하지 않았던가. 곽 선생은 '하감미소배움터' 밴드에 들어갔다. '#고마워알림장' 태그를 검색하니 수많은 자료가 쏟아졌다.

"오예! 이거 완전 보물창고잖아?"

고마워 알림장 작성 방법과 행사가 있는 5월 스승의 날 알림장, 6월 환경의 날 알림장, 심지어 방학 전 고마워 알림장까지! 미소초 김 선생이 올려 둔 자료도 많았다. 역시 '고마워 교실' 고수다웠다. 김 선생님의 고마워 알림장에는 이후 감동사연도 올라와 있었다. 여러 선생님이 올려 둔 내용은 다양했지만 양 수석의 작성 원칙을 따르고 있었다.

"고마워 스킬을 모든 교사가 배울 필요는 없다. 모든 학생을 빠짐없이 사랑하고, 모든 학생의 성장을 돕고, 모든 수업을 완벽하게 하고, 학부모와 만족스러운 신뢰 관계를 구축하며 선생님이라면…"

곽 선생은 자료를 검색하다가 양 수석이 쓴 글을 보고 혼잣말로 중얼거렸다.

"저런 교사가 있긴 한 거야? 교사도 사람인데 날마다 말썽만 부리는 학생까지 어떻게 사랑하겠어? 무엇보다 요즘 세상이 어떤데…. 좋은 학부모님도 많이 계시지만 정말 사소한 일로도 민원을 제기하는 분들이 얼마나 많은지 아시면서…. 에휴! 아이들에, 수업에, 학부모에… 힘들지 않은 직장 없다지만 참 요즘 시대 교사 힘들다, 힘들어."

곽 선생은 김 선생이 업로드해 둔 예쁜 벚꽃 배경의 3월 고마워 알림장을 다운받았다. 김 선생의 학급 내용이 담겨 있었다. 곽 선생은 그 부분까지 따라 하기에는 낯간지러워서 자신의 마음을 담은 문장을 넣기로 했다.

'불안과 설렘이 공존했던 3월'

곽 선생은 내용을 다시 읽어 보다가 단어를 바꾸기로 했다.

'설렘과 행복으로 가득 찬 3월'

[8] 고마워 알림장은 어떻게 작성할까?

'고마워 알림장'은 교사가 교실에서 일어난 일의 고마움이 학생과 학부모에게도 전달될 수 있도록 기존 알림장에 더하는 것이다. 고마워 알림장은 일일 작성법과 주간, 월간에 따라 길이 조절이 필요하다.

1. 일일 작성

학부모들이 부담 없이 읽을 수 있도록 간단하게 3~4문장 이내로 작성한다.

2. 주간 작성

주말이나 연휴가 있을 때 가정에서 부모가 자녀에게 해 줄 수 있는 것을 요청하는 것도 좋다. '고맙다, 사랑한다 말하고 안아 주세요.' 등을 작성할 수 있다.

3. 월간 작성

편지 형식으로 그 달에 일어나 일과 고마움을 전달하는 형태의 글 또는 다음 달 안내가 들어간 희망과 소망을 담은 형식으로 작성할 수 있다.

4. 고마워 알림장은 무엇이 좋은가?

고마워 교실에서 운영하는 '고마워'를 학부모들과 연결하는 과정이다. 알림장에 담긴 고마움 한 줄로 교사와 학부모 사이에 보이지 않지만 따뜻한 고마워의 에너지가 생기고 이것은 학생들에게 안정감을 주고, 학생들이 올바르게 성장하는 데 도움이 된다.

[★3] 교사와 신뢰 구축 알림장 활용법

알림장은 단순히 학교의 정보를 전달받는 도구가 아니라 자녀의 학교생활을 이해하고 소통하는 중요한 매개체이다. 이를 적극적으로 활용하면 자녀와의 관계가 더욱 깊어지고 교사와의 신뢰도 강화된다.

① 알림장 읽는 습관 들이기 : 매일 읽기, 공감하며 읽기
② 알림장 댓글 시 고마움 전달하기
③ 알림장 내용으로 자녀와 대화하기 : 교실 활동에 관심을 표현하며 긍정적 대화의 소재로 삼기
④ 자녀의 성장을 돕는 실천으로 연결하기 : 알림장 요청에 협조하며 자녀 격려하기

주의점

알림장 활용 시 자녀가 실수한 부분이 있더라도 알림장을 읽고 바로 지적하기보다는 긍정적인 부분부터 칭찬하며 시작하자. 알림장 내용에 관한 피드백은 긴 문장보다는 간단한 감사 인사나 소감이 적절하다. 짧고 따뜻한 댓글로 소통하자.

'친구야 고마워!'
놀이

"4월에는 무엇을 해야 할까요?"

곽 선생은 양 수석을 보자마자 인사도 없이 다짜고짜 물었다. 어제 곽 선생은 '하감미소배움터' 밴드에서 너무도 많은 자료를 보고 당황했다. 도대체 이렇게 많은 걸 한다고? 이 중에서 무엇을 선별해서 해야 할지 고민이 되었다. 양 수석이 '모든 것을 다하려고 하지 마라.'고 한 말에는 이유가 있었던 것이다.

"고마워 스킬이 5가지잖아요. 그걸 학생들에게도 서서히 적용시켜야지요."

"이제 고마워 샤워를 학생들도 하는 건가요?"

"선생님의 고마워 샤워를 통해 학생들도 '고마워' 단어를 배웠을 겁니다. 이제 학생들도 함께해 보는 거지요."

"학생들과 함께하는 고마워 샤워!"

곽 선생은 생각만 해도 설렜다. 환한 미소를 띠고 교실 문을 활짝 열었다.

"여러분, 친구들과 함께하는 '고마워 샤워' 놀이를 해 보려고 합니다. 어떤 놀이일까요?"

학생들이 동시에 말을 해서 교실이 시끄러워졌다. 선생님처럼 '고마워'를 많이 말하는 거요. '고마워' 100번 카운팅하는 거요. 우리 반 친구들에게 '고마워' 말해 주기 등 학생들의 대답에 곽 선생은 놀라웠다. 3월 동안 '고마워'라고 말하는 데 온 힘을 쓴 것을 학생들은 알고 있었다.

"선생님의 3월 미션은 하루에 '고마워' 100번 하기입니다."

곽 선생은 학생들에게 고마워 교실과 동시에 '고마워 샤워'를 공언했던 3월 첫날이 떠올랐다. 학생들은 선생님이 '고마워'를 정말 100번 했는지 안 했는지 궁금해했다. 선생님 손에 낀 손가락 계수기를 확인해 보곤 했다. 그렇게 다가온 학생들은 곽 선생에게 느닷없이 '고맙습니다'라고 말하곤 했다. 덕분에 곽 선생이 계속 의지를 다지며 지속할 수 있었다.

"선생님, 그런데 왜 샤워예요? 고마워 물로 하는 건가요?"

평소 학습이 느리고 관심도 없이 그저 조용히 있던 은지가 물었다. 아마도 은지는 진짜로 궁금해서 자신도 모르게 말을 한 것 같았다. 좋은 질문이었고 그것이 은지였기에 곽 선생은 더 좋았다.

"와! 좋은 질문이야. 고마워! 샤워기에서 물이 나오면서 몸을 씻지. '고마워' 샤워는 '고마워'라는 말을 통해서 마음을 씻는 거야."

"여러분, 선생님이 '고마워'라고 말하는 걸 들었을 때 어떤 기분이었어요?"

학생들은 선생님이 좋아졌다, 존중받는 기분이 들었다고 말했다. 학생들은 자신의 느낌을 솔직하게 쏟아 내어 주었다. 곽 선생은 뭐라고 표현할 수 없는 감동이 밀려와 목소리가 미세하게 떨렸다.

"오늘부터는 너희들과 다 같이 하려고…. 우리 반 주인은 누구지? 선생님인가?"

"저희요."

"저희들과 선생님이요."

우리 반의 주인? 곽 선생은 아이들과 대화를 주고받다가 그냥 던진 질문이었다. 곽 선생조차도 이 교실의 주인이 누구인지 생각해 보지 않았다. 학생들이 자신만이 주인이 아니라 교사인 자신과 학생들이 주인이라고 말하고 있지 않은가.

"그래, 우리 반이 고마워 교실인데 주인공이 함께해야겠지요. 여러분들에게 손가락 계수를 해 줄 테니 하루에 100번 친구들에게 많이 말해 주세요."

곽 선생은 손가락에 계수기를 끼고 환하게 웃으며 결의를 다지는 학생들의 모습이 무척 귀여웠다.

"짝이동할 때 '고마워'를 꼭 해 주세요. 각도기 까바놀이를 해 주세요."

순식간에 학생들이 놀이에 몰입했다. 주어진 대상을 관찰한 뒤 한 문장으로 말하고 짝이 한 말을 그대로 따라 말하되 마지막 단어만 까로 바꾸는 '까바놀이'다. 미소초에 와서 배운 질문놀이 기법은 곽 선생의 수업을 한층 더 학생주도적 참여의 배움 중심 수업으로 바꾸어 놓았다.

"숫자가 0에서 180까지 있습니다."

"숫자가 0에서 180까지 있습니까?"

"반원 모양입니다."

"반원 모양입니까?"

이제 자리를 이동하고 새 짝을 만날 차례이다.

"짝을 이동할 때 함께 공부한 짝에게 '고마워'라고 이야기해 주세요."

수업 중 '고마워' 말하기 연습이 많이 필요하다는 양 수석의 말을 되새기며 곽 선생이 학생들에게 이야기했다. 곽 선생은 평소에 '고마워'라는 말에는 진심이 담겨야 한다고 생각했다. 진심이 없는 감사는 형식적이라고 여겼다. 하지만 연습되어 있지 않으면 '고마워'라는 말이 나오지 않는다는 연수 내용에 곽 선생은 새로운 세계가 펼쳐지는 기분이었다.

"고마워!"

"고마워!"

짝을 바꾸어 자리를 이동하는 학생들의 입에서 '고마워'가 동시에 쏟아져 나왔다.

[9] 친구야 고마워!(고마워 샤워 놀이)

1. 1단계(꺼내기) : '고마워' 하루에 10번 이상 말하기(1일 차)

고마운 마음이 있어도 입 밖으로 고맙다는 말을 꺼내는 것을 어려워한다. 그래서 입 밖으로 이 단어를 꺼낼 수 있는 연습이 필요하다. 특별한 이유나 조건 없이 그냥 친구 얼굴을 보고 '고마워'라고 말해도 된다.

2. 2단계(상호작용) : 고마워 주고받기 리액션하기(2일 차)

친구가 '고마워'라고 말할 때 '고마워', '나도 고마워'라고 답하는 활동이다. 학생을 잘 관찰해 보면 상대가 '고마워'라고 말하면 '응', '알았어' 등으로 답하는 아이가 많다. 고마움은 주고받는 관계에서 기쁨이 만들어진다.

3. 3단계(내면화) : '친구야 고마워 놀이' 중 자신이 빛낸 미덕 찾아보기 (3일 차)

자신이 한 행동에서 미덕을 찾아보는 활동은 긍정적인 자아 이미지를 형성하기 위한 것이다. 긍정적 활동을 했을 때 스스로 칭찬하거나 멋지다고 생각할 수 있는 기회를 부여한다. 용기, 친절, 자율이라는 미덕을 찾은 학생은 자신 안에 미덕이 빛나고 있음을 느낄 수 있게 된다. 미덕을 통한 내면화는 학생의 자존감 향상에 도움이 된다. 또한 자신을 미덕으로 칭찬하는 습관은 부정적 생각에서 벗어나 긍정적 사고방식을 강화한다.

선생님께도
고마워 에너지를 보내자

"김 선생님, 뭐가 좋아서 그리 싱글벙글하세요?"

"저는 월요병으로 너무 힘들어요."

교직원 회의시간, 다들 월요병에 걸린 표정과 달리 김 선생은 웃음으로 가득 차 있었다.

"아하! 저 오늘 학생들한테서 '고마워'를 너무 많이 받아서 그래요. 이런 날은 에너지가 저절로 솟아요."

김 선생은 지난 주말에 가족행사로 제대로 쉬지도 못했다. 그래서 학생들에게 에너지를 받고 싶어서 '선생님께 에너지 보내기' 날로 정했다고 했다.

"선생님께 에너지 보내기요? 그건 어떻게 하는 거예요?"

"고마워 교실 선생님들께서 한 번씩 쓰는 활동인데 모르셨어요?"

김 선생은 옆자리에 앉은 양 수석에게 물어보라고 하면서 자기 자리에 앉았다. 양 수석은 예를 들었다.

"선생님이 지난주에 일을 너무 많이 해서 조금 지쳤단다. 여러분이 '고마워'로 힘을 보태 주면 좋겠어. 오늘은 선생님이 여러분의 위로와 따뜻한 말을 받고 싶어요. 쉬는 시간도 좋고 언제든지 선생님께 '고마워' 에너지를 주기만 하면 됩니다. 고마워요. 여러분!"

양 수석이 가르쳐 준 내용은 거의 학생들에게 애원하는 것처럼 느껴졌다. 그냥 그것으로 끝이었다.

'뭐야? 이게 끝? 이렇게 간단한 거야?'

다음날 곽 선생은 김 선생의 마음을 알 것 같았다. 학생들에게 에너지를 받으니 따스하고 이유를 알 수 없는 감동적인 울컥함이 있었다. 어제와 오늘의 교실 공간은 전혀 다르게 느껴졌다.

★ 교실 실천 가이드 ★

[10] 선생님 고마워요! - 선생님께 '고마워' 보내기
1. 교사의 고마워 샤워는 친구야 고마워 놀이를 충분히 한 뒤 실시한다.
2. 교사에게 '고맙다'는 말을 하기 어려워하는 학생에게는 교사가 유머러스하게 먼저 다가가서 요청한다. 부담스럽지 않고 약간은 장난기가 섞여도 좋다. 그것이 학생과의 라포르를 형성하는 데도 도움이 된다.
3. 학생이 다가와 고마움을 표현하면 교사 역시 '고마워'를 표현해 준다.

고마워
미소

곽 선생은 점심시간에 잠시 운동장에 나왔다. 신선한 바람이 필요했다. 곽 선생은 오전 수업 시간을 떠올렸다. 수업이 잘 흘러가지 않는 것이 괜스레 현수 탓만 같았다. 현수의 말투에 자꾸만 신경 쓰는 자신에게 짜증이 났다.

먼 산을 보니 연둣빛이었다. 곽 선생이 제일 좋아하는 빛깔의 계절이다. 학교 교정의 벚꽃도 다 지고 연둣빛의 잎들이 올라와 있었다. 연둣빛도, 살랑거리는 따스한 바람도 봄날인데 햇살은 한여름처럼 따갑게 느껴졌다.

"우와! 연두! 연두!"

오 선생의 목소리였다. 두 팔을 쭉 뻗고 허리를 오른쪽, 왼쪽으로 움직이면서 뒤뚱거리며 다가왔다.

"오 선생님, 왜 그리 웃기세요? 개그맨 하셔도 되겠어요. 덕분에 제가 웃습니다."

"아! 그래요? 저는 그냥 스트레칭이 필요해서…. 오늘 이상하게 수업이 힘들더라고요. 오전 4시간 수업을 쉬지 않고 했더니 거의 녹초 상태예요."

"어머나! 저도 오늘 그랬는데요."

오 선생의 밝고 경쾌한 움직임이 곽 선생의 입꼬리를 올려 주었다.

"오! 고마워 미소! 긍정 에너지. 오 선생님 고마워요."

곽 선생이 갑자기 박수를 치고 오 선생에게 연신 고맙다고 말했다. 교실로 향하는 발걸음이 가벼워졌다.

"5교시는 고마워 교실의 특별한 미소를 배워 볼 거예요. 선생님처럼 따라 해 보세요. 입꼬리를 살짝 올리고, 눈을 반달처럼 접어서…."

곽 선생은 학생들 앞에 서서 환하게 미소를 지으며 설레며 말했다.

"하하하! 째려보기 같은데요?"

교실 뒤편에서 큰 목소리가 터져 나왔다. 현수였다. 몇몇 아이가 낄낄거리며 웃었다. 곽 선생은 속으로 한숨을 쉬었다.

"선생님, 저는 이런 거 유치해서 못해요. 얼굴 근육 아파요."

현수가 일부러 찡그린 표정을 지으며 말했다. 교실이 술렁거렸다. 학생들이 처음에 보이던 관심과 호기심이 사그라지고 있었다. 오히려 현수와 곽 선생의 대화에 더 관심을 보이는 것 같았다. 곽 선생은 손끝이 떨리는 것을 느꼈다. 이대로 물러설 순 없다.

"그래, 처음엔 어색할 수 있어. 선생님도 처음에는 웃는 연습할 때 거울 보면서 민망했단다. 우리 뇌는 입꼬리만 살짝 올려도 기분이 좋아진다는 것 알고 있니? 과학적으로 증명된 거야."

곽 선생은 일부러 더 환하게 웃어 보였다.

"자신의 웃는 얼굴을 뇌가 기억해야 하니까 자신의 스마트폰을 꺼내서 웃는 모습을 찍어 보세요."

스마트폰이라는 말만으로도 학생들의 호기심을 채웠다. 스마트폰을 켜고 웃는 모습을 셀카로 찍고 맘에 들지 않는다고 지우고 또 찍었다. 서로 찍는 모습을 보면서 웃고 떠들고 교실이 시끄러워졌다. 어느새 현수도 동참하고 있었다.

은지가 다가왔다. 스마트폰이 없었다. 민수는 오늘 집에서 안 가져왔다고 했다. 맞다. 보명이. 곽 선생은 보명이를 눈으로 찾고 있었다. 보명이는 스마트폰이 원래 없다고 했다. 그런데도 짝의 스마트폰으로 열심히 찍고 있었다. 씩씩한 보명이다웠다. 곽 선생은 현수를 신경 쓰느라 스마트폰이 없는 학생에 대해서는 생각을 미처 하지 못했다. 두 아이에게 미안했다.

"은지는 스마트폰이 없는데 어떻게 하면 좋을까?"

"저랑 같이하면 돼요."

은지 짝이 손을 번쩍 들었다. 은지가 수줍은 듯 고개를 끄덕이더니 자기 자리로 돌아갔다. 놀이 전에 스마트폰이 없는 학생들을 파악하고 시작했어야 했다. 곽 선생은 사전에 챙기지 못한 자신을 자책했다. 하지만 학생들이 즐겁게 미소를 짓고 있어서 다행이었다.

10여 분 미소 지으며 사진을 찍는 동안 아이들의 얼굴이 환해져 있었다.

"웃으면서 찍고 제일 예쁜 것만 골라서 남겨 두세요. 다음 번에 찍은 것과 비교해 볼게요."

곽 선생은 은지와 보명이에게 다가가 웃으며 사진을 찍어 주었다.

★ 교실 실천 가이드 ★

[11] 고마워 미소

1. 고마워 미소를 장착하기 위한 연습 방법
• 거울 보면서 자기 자신에게 '고마워'라고 말하며 입꼬리를 올리고 웃기
• 하루에 5번 이상 거울 보고 웃기
거울을 보고 웃는 이유는 자신의 머릿속에 가장 예쁘게 웃는 얼굴을 기억하기 위해서이다. 물론 일상에서 항상 미소 짓는 상태가 저절로 된다면 가장 좋다.

2. 주변 사물을 활용한 고마워 미소 연습하기
• 교실의 출입문에 '고마워 미소' 안내물 부착하기
• 출입문을 미소의 매개체로 활용하기
(문구) 고마워 미소를 선물해 주세요. 방긋 웃는 나에게도 고마워!

3. 고마워 미소 역할 활동 순번제 운영
• 고마워 미소 1일 담당자를 지정한다. 순번제로 돌아가면서 역할 활동을

한다.
- 교실 친구들의 에너지 전환이 필요하다고 생각할 때 '고마워 미소'를 외친다.
- 수업의 흐름이 끊기더라도 '고마워 미소'가 들리면 무조건 입꼬리를 올리고 1분간 참여한다.
- 1일 5회 이내로 '고마워 미소'를 외칠 수 있다.

< ★ 가정 실천 가이드 ★ >

[★4] 부모의 미소는 신뢰이며 행복이다

부모의 미소는 단순히 표정 이상의 의미가 있다. 자녀의 정서적 안정, 상호작용의 기술, 자신감, 스트레스 완화 등 자녀 성장에 다양한 긍정적 영향을 준다. 뇌의 '거울 뉴런'은 상대의 표정을 보고 신경학적으로 동일한 감정을 경험한다고 한다. 부모가 힘들면 자녀도 힘든 감정을 가지게 된다. 반면에 부모가 미소를 지으면 자녀도 따뜻하고 평온한 감정을 가지게 된다. 자녀는 부모의 표현을 관찰하고 모방하고 감정을 학습하게 된다.

Q. 자녀 교육에서 부모의 미소는 왜 중요할까?
- 부모의 따뜻한 미소는 자녀와 긍정적 상호작용을 이루어 스트레스 호르몬인 코티솔을 감소시키는 데 효과적이다.
- 부모의 긍정적 표정은 부모와의 긍정적 애착관계를 형성하게 도와주고 아이의 정서 조절 능력을 향상시킨다.

- 부모의 미소는 자녀에 대한 인정과 지지를 표현하는 강력한 도구이다. 새로운 것을 배우는 데 동기를 부여하고, 어떤 것에 실패했을 때 긍정적 지지로 여기게 되어 자존감 향상에 도움이 된다.
- 부모의 미소를 통해서 긍정적 상호작용을 배운 아이는 이것을 모델로 삼아 긍정적 사회관계 기술을 배우게 된다.
- 부모의 미소는 단순히 표정 이상의 의미를 가진다. 정서적 안정, 상호작용의 기술, 자신감, 스트레스 완화 등 자녀 성장에 다양한 긍정적 영향을 주게 된다.

Q. 가정에서 고마워 미소를 연습하는 방법은?
- 세수할 때 거울을 보고 입꼬리를 올려서 한 번 웃어 주고 입꼬리를 올린 채로 세수하기
- 샤워할 때 시작 전에 꼭 거울을 먼저 보고 입꼬리 올리고 미소 짓기, 샤워하는 내내 미소 짓고 있기
- 식사자리에서 '고마워 미소 시작!'이라는 미션을 주고 함께 웃으며 식사하기

가족과의 약속으로 다양한 형태로 운영할 수 있다. 모두가 함께 즐거운 분위기를 만들 수 있다면 어떤 방법으로든 좋다. 단 고마워 미소를 상대에게 강요해서는 안 된다. 필요성을 인식한 사람이 먼저 '고마워 미소'를 지으면서 익숙해질 수 있게 노력하는 것이 더 중요하다.

고마워
기지개

"부자가 되고 싶은 사람?"

곽 선생의 질문에 학생들은 너도 나도 손을 들었다. 진짜 부자가 되고 싶다고 종알거렸다.

"부자들은 어릴 때부터 부자 되는 습관을 가지고 있다고 하는데…."

"어릴 때부터 매일 주식을 사야 한다는데요."

곽 선생의 말이 끝나기도 전에 현수의 말이 들려왔다. 요즘 주식 창에 파란색이 많아서 아빠가 기분이 좋지 않다, 부모님이 자신에게 특정 명품을 사 달라, 서울에서 제일 비싼 아파트를 사 달라 한다고 했다. 그래서인지 4학년답지 않게 주식 종목 등에 대해서도 제법 많이 알고 있었다.

"오, 좋은 생각인데! 좋은 종목을 고른다면 분명 부자가 될 수 있을 거야."

곽 선생은 현수의 말에 긍정적으로 호응해 주었다. 곽 선생과 현수가 주고받는 대화가 신기한지 학생들이 조용히 듣고 있었다.

"현수처럼 주식에 투자하려면 종목도 제대로 공부해야 하고 투자금도 있어야 하는데 이 방법은 투자금이 필요 없어요. 누구나 마음만 먹으면 아주 쉽게 할 수 있어. 유치원생도 할 수 있단다."

"알려 주세요. 하고 싶어요."

현수가 큰소리로 말했다. 현수가 한 말은 진심일 거다. 곽 선생은 학생들에게 답하지 않고 기지개를 쭉 켜면서 따라 하라고 했다. 팔을 위로 쭉 올리고 허리를 쭉 펴면서 곽 선생이 말했다.

"고맙습니다. 오늘도 행복한 날을 선물 주셔서 고맙습니다. 감사합니다."

"고맙습니다. 오늘도 행복한 날을 선물 주셔서 고맙습니다. 감사합니다."

아이들도 자리에서 일어나 머뭇거리며 기지개를 펴면서 따라 말했다.

"여러분, 몸이 쫙 펴지면서 시원하죠? 이걸 잠에서 깨자마자 하는 겁니다. 침대에서 바로 벌떡 일어나는 것이 아니라 방금 선생님이 알려 준 말을 3번 이상 반복하고 기지개를 쭉 켜는 거죠. 이게 부자 되는 습관 첫 번째랍니다."

'에게, 겨우 이거라고?'

학생들은 황당하다는 듯이 곽 선생을 쳐다보았다. 곽 선생은 학생들의 반응에 아랑곳하지 않고 말을 이어 갔다.

"두 번째 습관은 이부자리 정리하기예요. 자신이 자고 난 이불을 정리하는 것이에요."

"에이, 선생님, 저는 아침에 기지개도 켜고 이불도 정리하는데요. 그러면 부자가 되는 거예요?"

장난도 잘 치지만 학습 태도나 생활 태도가 좋은 보훈이가 말했다. 그러자 이곳저곳에서 이불 정리는 한다, 기지재를 켠다 등 자신이 하고 있는 것을 말하는 소리가 들렸다.

"다들 정말 멋지군요. 중요한 건 기지개를 켜면서 말하는 것입니다. 어떤 날은 하고 어떤 날은 안 하는 것이 아니라 매일 한다는 것이 제일 중요해요. 이 모두를 매일 하는 사람?"

학생들의 눈빛에 고민하는 모습이 역력히 보였다.

곽 선생은 학생들에게 미국에서 성공한 재미교포 김회장이 쓴 책의 한 부분을 읽어 주었다. 성공에는 여러 가지 중요한 것이 있는데 사소한 부분에 대한 자기 자신과의 약속, 실천 등이 어떻게 이루어져야 하는지에 관해 이야기를 들려주었다. '부자 되는 습관'이라고 말했지만 곽 선생에게는 고마워 기지개에 대한 또 다른 숨은 의도가 있었다. 그것은 바로 스스로 긍정 에너지를 선택하는 습관을 가질 수 있도록 하기 위해서였다.

[12] 고마워 기지개

1. 아침에 잠에서 깰 때 '고맙습니다', '오늘도 행복한 하루가 시작되어 감사합니다.'라고 말하며 기지개 켜기
2. 밤에 잠잘 때 '고맙습니다', '감사합니다' 하며 온 몸을 쭉 펴고 잠들기
3. 일을 하거나 공부를 하는 중간에 '고맙습니다', '감사합니다'라고 말하며 스트레칭하기

- 아침에 눈을 뜨자마자 '고맙습니다'를 말하며 고마움과 함께 잠에서 깨어난다는 것은 생각보다 쉬운 일이 아니다. 잠에서 깰 때 의식하지 않으면 '고맙습니다'라는 말이 튀어나오지 않는다. 매일 반복된 연습을 통해서 몸에 장착이 되어야만 바로 말할 수 있다.
- 처음에는 잠에서 깨고 시간이 지나서 기억나기도 한다. 그때라도 '고마워 기지개'를 하면 된다. 잠들기 직전에 하고 자면 아침에 고마워 기지개를 하는 것이 좀 더 빠르게 자연스러워진다.
- 고마워 기지개는 잠에서 깨거나 자기 전에 하기 때문에 주로 집에서 이루어진다. 그래서 교사가 수업 도중에 학생들과 짧은 고마워 기지개를 켜면서 아침저녁에 자주 할 수 있도록 반복적으로 인식시켜 주면 몸에 익히는 데 도움이 된다.
- 고마워 기지개는 학생 스스로 행복한 하루를 선택하도록 돕는다. 교사가 보이지 않는 곳에서 학생 스스로 하겠다는 의지를 가지고 실행하는 영역이기에 긍정적 성장과 변화에 큰 도움이 된다.

100% 신뢰받는
학부모 상담

'100% 신뢰받는 학부모 상담 기법'

양 수석이 보낸 전체 메시지다. '100%라고?' 곽 선생은 과장이 심하다고 생각하며 메시지 창을 열었다.

'클릭하여 지금 메시지가 열렸다면 이미 신뢰받는 학부모 상담이 성공적으로 이루어진 겁니다.'

완료형이다. 역시 양 수석답다. 곽 선생은 확신을 주는 문장이 좋았다. 불안한 자신에게 자신감을 주는 것 같았다. 학부모 상담 연수에 참석이 힘든 선생님들은 영상을 만들었으니 참고하라는 것이었다. 그리고 꼭 시청 바란다는 뜻도 함께 전달되어 있었다.

"꼭…."

왜 이렇게까지 당부를 하는 것일까? 곽 선생은 영상을 열었다. 양수석의 얼굴이 나왔다.

"첫인상은 3초 안에 결정됩니다. 신뢰받는 상담의 시작은…."

"아! 첫인상. 이름부터…."

영상을 보던 곽 선생의 입에서 탄성이 나왔다. 모든 인간관계는 첫인상에서부터 시작된다는 사실을 알고 있지만 어떻게 해야 할지 생각해 보지 못했다. 영상을 보는 순간 안도감이 밀려왔다. 동시에 어떻게 대화를 이끌어 가야 할지 궁금해서 조바심이 났다.

애정, 교정, 감사, 당부[21]

학부모의 성향에 따라 대화 흐름의 주도권이 다를 수 있지만 대원칙은 학생에 대한 애정이었다. 곽 선생 역시 학생의 존재에 대한 애정을 학부모에게 어떻게 잘 전달할 수 있을지를 고민해 왔다. 그런데 더 놀라운 것은 마지막에 학부모에게 전하는 당부의 말이었다. 그 당부 역시 학생에 대한 애정이라는 것이다.

곽 선생은 아들 서준이를 떠올렸다. 서준이 담임선생님으로부터 애정이 담긴 말을 이런 순서로 들을 수 있다면 신뢰할 수밖에 없을 것이다. 서준이를 생각하며 우리 반 학부모님들께도 그 마음을 전하고 싶어졌다. 곽 선생은 퇴근시간이 훌쩍 지났음에도 불구하고 양수석이 보내온 영상을 다시 돌려 보았다.

[13] 100% 신뢰받는 학부모 상담

1. 첫인상

인사말부터 심플하고 부드럽게, 우아하게, 전문가답게 한다.

첫인상은 3초 안에 만들어진다. 먼저 제시된 정보가 나중에 알게 된 정보보다 더 강력한 영향을 미치는 현상이다. 미국 뇌과학자 폴 왈렌의 연구에 의하면, 우리 뇌의 편도체를 통해서 1초도 안 되는 극히 짧은 순간에 상대방에 대한 호감도와 신뢰도를 평가한다고 한다. 첫인상을 결정짓는 중요한 요인은 외모, 목소리, 어휘 순으로 이루어진다고 한다.

2. 메리비언 법칙

화려한 말이나 내용보다 표정, 목소리, 태도, 말투 같은 것이 대화의 분위기를 부드럽게 만드는 요소여서 선생님이 하는 말에 힘을 실어 준다.

3. 첫 인사말

교사 자신의 이름을 넣어서 인사하기

예) 안녕하세요. 현수 어머님. 담임교사 곽 ○○입니다. 이렇게 만나게 (또는 전화 통화하게) 되어 반갑습니다. 바쁜 시간 내어 자녀 교육에 관심 가져 주셔서 고맙습니다.

공감을 잘 못하면
공정을 해친다

"딩동! 어버이날 고맙습니다."

스마트폰의 알람이 울렸다. 서준이 어린이집에서 보내온 영상이었다. 큰 카네이션을 머리에 쓴 서준이가 인사하는 영상이었다.

"어머! 귀여운 우리 서준이."

3살짜리 어린아이가 감사의 인사말을 하고 영상을 찍는다는 게 얼마나 힘든 일인지 안다. 곽 선생은 어린이집 선생님들의 수고로움을 떠올렸다. 그 덕분에 이렇게 귀엽고 앙증스러운 감사 인사를 받게 되었다.

"엄마, 아빠, 고맙습니다. 사랑해요."

이 네 마디를 듣는 부모들은 모두 행복감을 느낄 것이다. 곽 선생은 여러 번 영상을 돌려 보고 시댁, 친정 모든 가족에게 영상을 전달했다. 귀여운 서준이의 모습을 혼자만 보기 아까웠다. 자식에 대한 사랑은 모든 부모가 같지 않을까, 단지 사랑을 전하는 방법만 다른 것이 아닐까 하는 생각을 했다. 갑자기 곽 선생은 머리를 좌우로 흔들었다. 초임시절에 자신을 괴롭혔던 학부모의 말이 떠올랐다.

"네가 아직 자식이 없어서 그래! 우리 아이 정신적 피해는 어떻게 보상할 거야?"

이후 서준이를 낳고 기르는 부모가 되었다. 부모가 되어 보니 서준이가 그런 행동을 하면 더 나무라게 될 것 같다는 생각을 했다. 그당시에 억울하다고 울고 있던 지혜와 곽 선생을 위협하던 학부모의 모습이 떠올라 한 번 더 머리를 흔들었다.

'지혜와 지윤이는 어떻게 자랐을까? 올바른 사회 구성원이 되었을까?'

생각도 하기 싫었는데 불현듯 떠올랐다. 곽 선생은 예쁘고 모범생이던 지혜를 좋아했다. 이름처럼 지혜롭다고 칭찬도 많이 했다. 하지만 보이는 것이 전부가 아니었다. 곽 선생도 학기초부터 지혜와 지윤이의 갈등을 알고 있었다. 하지만 곽 선생이 보기에는 학생들 간에 자라면서 겪는 아주 사소한 일로 여겨졌고, 지윤이가 예민하다고 생각했다.

문제가 생겨서 지혜의 이야기를 듣다 보면 감정적으로 공감이 되었다. 다른 친구들도 언제나 지혜 편이었다. 예민한 지윤이를 지혜 이기에 함께 놀아 주고 있다는 생각을 했다. 하지만 진실은 달랐다.

우연히 한 여학생이 곽 선생을 단체 채팅방에 잘못 초대하며 모든 것이 드러났다. '지윤이 놀리는 방'이라는 단톡방에서 지혜는 지윤이를 조롱하며 의도적으로 따돌리고 있었다. 지혜는 거짓을 말하며 사람들의 감정을 교묘하게 이용하는 아이였다. 지금도 생각하면 등골이 오싹해지는 순간들이었다.

가을이 접어들고 지윤이 어머니가 찾아왔다. 지윤이가 겪어 온 고통은 명백한 학교폭력 사안이었다. 증거도 명확했고, 지혜 부모님도 부인할 수 없을 만한 사실이었다. 지윤이 측에서는 진심 어린 사과만을 원했기에 지혜가 잘못을 인정하고 사과하면 모든 것이 마무리될 수 있었다.

하지만 상황은 전혀 다른 방향으로 흘러갔다. 자식에 대한 맹목적인 신뢰 때문이었을까? 지혜 어머니는 딸의 잘못을 조금도 인정하지 않았다. 대신에 모든 책임을 곽 선생에게 돌렸다. 학생들 간의 갈등을 제때 파악하지 못한 교사의 무능함이 문제의 원인이라는 것이었다.

학폭 신고가 접수된 후, 지윤이 어머니마저도 곽 선생을 원망하기 시작했다. 지혜 어머니는 논리적이지 않은 주장으로, 지윤이 어머니는 격앙된 감정과 원망으로 곽 선생을 몰아세웠다. 끝없는 민원 속에서 곽 선생은 점점 더 깊은 절망으로 빠져들었고, 결국 정신과 약의 도움을 받아야만 했다.

곽 선생은 매일 밤 잠들기 전에 생각했다. 자신이 조금 더 일찍 알아차렸다면, 조금 더 세심하게 살폈다면, 아이들의 겉모습이 아닌 내면을 들여다보려 했다면…. 그렇게 하루하루를 자책하며 그해를 겨우 버텨냈다.

"교사는 공감을 잘해야 하지만 감정적 공감이 잘못되면 공정을 해치게 되고, 감정쓰레기통이 될 수도 있어요. 자기 존재의 소중함을 먼저 챙기시고 자신의 감정도 소중하게 여기시면 좋겠어요."

양 수석의 말이 떠올랐다. '존재의 고마움'은 곽 선생 자신에게도 해당되는 말이라는 사실을 다시금 떠올렸다. 고마워 교실을 학급 운영에 접목하고 나서부터 곽 선생은 자신의 존재에 대해 많은 생각을 했다.

★ 교실 실천 가이드 ★

[14] 공감은 어떻게 해야 할까?

"힘들었겠다. 정말 속상했겠네." 공감은 상대의 마음을 깊이 이해하고 치유하는 힘을 가진다. 실제로 우리 뇌는 상대의 고통을 볼 때 함께 반응하며 감정적 공감을 느낀다. 그러나 공감이 항상 긍정적인 결과를 가져오는 것은 아니다. 공감의 방향성, 강도, 맥락이 적절하지 않을 경우 부정적 결과를 낳을 수 있다.

1. 감정적 공감은 공정을 해칠 수 있다.

'이 학생은 힘들어서 그랬겠지.', '얼마나 힘들었으면 그랬을까?'라며 부정행위를 덜 엄격하게 처리하게 되면 객관적 판단이 힘들어진다. 특정학생에 대해 감정이 편향되면 공정성을 잃고 합리적 선택을 방해받는 경우가 많아진다. 또한 학생은 교사나 친구의 공감을 문제해결의 유일한 수단으로 삼으며 가짜 감정을 만들기도 한다.

2. 지나친 감정적 공감은 감정쓰레기통이 될 수 있다.

상대의 부정적인 감정을 계속 듣다 보면 스스로 지치게 된다. "내가 얼마나 힘든지 알아?" 같은 일방적 이야기를 들어 주며 감정을 나눈다고 착각하지 말아야 한다. 조언을 거부하며 감정적으로만 의지하는 관계는 피로를 초래한다.

고려해야 할 점

- 너의 감정은 충분히 이해해, 그러면 이 문제를 해결하기 위해서 네가 할 수 있는 일은 무엇일까?
- 학급 규칙을 활용해 감정과 규칙을 분리한다. 존재에 대한 소중함을 다시금 일깨운다.
- 교사의 공감은 감정과 공정을 균형 있게 유지하기 위해 노력해야 한다. 상대의 감정을 이해하되 객관적 시각과 적절한 거리감을 유지하는 것이 건강한 관계를 만드는 핵심이다.

★ 가정 실천 가이드 ★

[★5] 자녀의 거짓말에 대처하기

자녀의 거짓말은 성장 과정에서 자연스러운 일일 수 있다. 그러나 반복되는 거짓말을 하는 경우 심리적 문제가 있을 수 있다. 자녀의 심리 상태를 살펴보는 것이 최우선이다.

자녀가 방어기제를 가진 상태에서는 자녀를 지도하기 어렵다. 자녀의 방어기제를 풀게 하는 것은 무엇보다도 부모의 애정이다. 그 애정은 존재에 대한 고마움이 우선되어야 한다. 존재에 대한 고마움이 있어야 행위를 분리하고 부모와 자녀 사이에 신뢰와 이해의 문이 열린다. 또한 거짓말에 대한 훈육에서는 솔직함과 신뢰가 삶에서 어떤 긍정적 결과를 가져오게 되는지를 알 수 있게 도와주어야 한다.

고마워 교실의 철학인 애.교.감은 가정에서도 동일하게 강력한 힘을 발휘한다.

1. 애정 : 먼저 자녀의 감정을 이해하기

"많이 힘들었지? 마음이 불편했겠다. 솔직히 이야기해 줘서 정말 고마워."와 같이 자녀의 감정을 공감하는 언어를 사용한다. 부모의 따뜻한 애정을 느낄 때 자녀는 방어적인 태도를 내려놓고 대화에 마음을 열게 된다.

2. 교정 : 솔직함으로 이끄는 긍정적 언어 사용하기

자녀를 탓하거나 비난하지 않고, "왜 그렇게 말했는지 이야기해 줄래? 네 생각이 정말 궁금해."와 같은 긍정적인 질문을 건넨다. 신뢰와 솔직함의 가치를 강조하며, 진실을 이야기할 때 긍정적인 결과가 따른다는 점을 알려 준다. 이 과정에서 거짓말 자체를 문제 삼기보다는 솔직한 태도를 칭찬하며, 아이가 신뢰받고 있음을 느끼게 한다.

3. 감사 : 대화를 마무리하며 긍정적 경험으로 연결하기

"이야기해 줘서 정말 고마워. 덕분에 네 마음을 더 알게 됐어."와 같은 감사의 표현으로 대화를 마무리한다. 자녀는 자신의 이야기가 받아들여지고 인정받았다는 긍정적인 경험을 하게 되며, 솔직함이 얼마나 중요한지 스스로 깨닫게 된다.

5월 가정의 달
존재 그 자체에 감사합니다

'아하, 부모님 존재의 소중함!'

보통 어린 학생들은 감사 편지에 음식을 해 줘서, 아플 때 간호를 해 줘서, 용돈을 주서서 등 부모가 무언가를 해 줘서 감사하다는 걸 적는다. 그리고 자신이 잘못해서 죄송하다 등과 같은 내용을 쓰는 경우가 많다. 카네이션을 머리에 쓴 서준이가 나에게 선물인 것처럼 자녀도 부모에게는 건강하게 지내는 존재 그 자체로 선물이다. 곽 선생은 이번 어버이날 편지에는 부모님의 존재에 대한 감사함을 작성하도록 지도해야겠다고 생각했다.

"아버지, 어머니, 존재 그 자체에 고맙습니다. 감사합니다."

학생들의 편지지 앞에 위의 문구를 크게 작성해서 적고 색칠도

하고 꾸미도록 했다. 학생들은 그동안 고마워 교실을 운영하면서 '너희들은 존재 그 자체로 소중하고 고맙다.'라는 말을 많이 들어서인지 당연하다는 듯 받아들였다. 부모님의 존재에 대한 고마움을 먼저 느껴야 부모님이 제공한 환대를 알아차릴 수 있을 것 같았다. 곽 선생은 활동하는 학생들을 흐뭇하게 쳐다보았다. 부모님이 편지지를 펼치자마자 자녀에게 '존재 그 자체'로서의 고마움을 받을 때의 기분을 상상했다.

편지지 뒷면에는 부모님께 감사하고 고마운 점 5가지를 더 작성하도록 했다.

"루마큐브 할 때 일부러 져 주셔서 고맙습니다."

민철이의 말에 주변 학생들이 웃었다. 곽 선생은 엄마의 숨겨진 사랑을 발견하는 민철이가 보기 좋았다. 고마워 교실 운영 덕분인지 보이는 것만 아니라 숨어 있는 이면의 모습들에서 고마움을 발견하고 있었다.

이어서 학생들은 카네이션을 만들었다. 효도 쿠폰을 만드는 학생도 있었다. 단순히 '고맙습니다'라는 말에 그치지 않고, 구체적인 행동으로 감사함을 전하는 것도 중요하다. 곽 선생은 이 활동을 통해 학생들이 부모님과의 관계를 돈독히 하고 자신의 책임감도 키울 수 있기를 기대하며 말을 이었다.

"여러분, 다들 부모님을 생각하며 감사를 전하는 모습이 참 아름답습니다."

[15] 5월의 선물, 가정의 달 특별 프로그램

1. 고마워 쓰기(감사 편지)

어버이날을 계기로 일상 속에서 감사의 마음을 꾸준히 적는 습관을 들이게 하면 더욱 좋다. 질문으로 학생들의 생각을 열어 주는 것도 좋다.

• 오늘 아침에 누가 깨워 줬나요?

• 아플 때 부모님께서 어떻게 도와주셨나요?

• 부모님과 함께해서 가장 즐거웠을 때는 언제인가요?

고려해야 할 점

다양한 가족 형태를 배려해야 한다. 현대 사회에서는 혈연이 아니어도 가족이며, 어버이에 대한 개념도 확장될 수 있음을 안내해야 한다. 또한 가정에서 어려움을 겪는 학생들에게 감사의 표현을 강요하는 것은 또 다른 부담이 될 수 있다. 학생의 생활환경과 심리 상태를 고려해 세심하게 지도하는 것이 중요하다.

2. 카네이션 만들기

카네이션은 어버이날 부모님께 감사의 마음을 전하는 전통적인 상징이다. 재료, 형태와 상관없이 부모님께 특별한 선물을 드리는 기쁨을 느낄 수 있는 과정이어야 한다.

3. 효도 쿠폰 발행

효도 쿠폰 활동은 학생들이 부모님께 감사의 마음을 실천으로 표현하는 특별한 기회를 제공한다.

① 부모님이 평소 좋아하거나 필요로 하는 도움 생각하기

② 학생 스스로 실천할 수 있는 행동으로 쿠폰 내용 작성하기

예) 청소, 안마, 심부름, 설거지, 부모님을 위한 노래 부르기나 댄스 쿠폰 등

6월

백일간의 성장,
긍정을 당기다

교실 혁명의
시작

곽 선생은 '전문적 학습 공동체'라는 말이 너무 거창하다는 생각을 하면서 회의실 문을 열었다. 아무도 없었다. 살짝 당황해서 시계를 보니 3시를 가리키고 있었다.

"오늘 전학공 3시에 있는 거 맞죠? 저만 늦은 줄 알고 종종걸음으로 왔는데…. 하하하."

김 선생이 들어오면서 둘만 있는 게 어색한지 한마디 하면서 웃었다. 그러고는 갑자기 곽 선생에게 퀴즈를 내었다.

"전학공의 뜻이 전문가들만 모이는 공동체일까요? 전문가가 되기 위해서 모이는 공동체일까요?"

"와! 생각 못해 본 의미네요. 음, 전문가가 되기 위한? 전문가이기에? 우리는 뭘까요?"

이번 회차는 참석률이 저조했다. 18명 회원 중 9명이 모였다.

"고마워 교실 운영 잘되고 있어요? 질문 수업은 해 보고 계시죠?"

이번 달은 김 선생이 진행하는 달이다. 김 선생은 양 수석과 함께 근무하면서 질문 수업과 고마워 교실의 매력에 푹 빠져서 연구하고 실천한 지 4년째로 이 구역의 베테랑이다.

"이번 달에는 고마워 교실 백일잔치가 있고요. 교실 에너지의 줄다리기가 격렬해지는 6월에는….”

백일잔치? 곽 선생은 백일잔치라는 말에 집중하느라 김 선생이 이어서 하는 말은 들리지도 않았다. 아들 서준이 백일잔치 때가 떠올라 웃음이 났다. 3개월간 운영해 본 경험과 사례를 발표해 달라는 김 선생의 말에 곽 선생은 정신을 차렸다.

"고작 3개월만 운영해 봐서…. 좋은 점은 분명 있는 것 같긴 한데 아직 잘 모르겠어요.”

"너무 이해돼요. 저도 처음에 시작했다가 한 달도 안 되어서 포기했어요. 그리고 다시 시작했어요. 곽 선생님도 꼭 계속 하시면 좋겠어요. 진짜 이게 교실 혁명이랍니다.”

곽 선생의 말에 김 선생이 공감을 표현했다. 다른 선생님들의 사례가 이어졌다.

'교실 혁명? 뭐가 혁명이라는 거야?' '혁명'이라는 단어가 곽 선생에게는 혼란스러웠다. 혁명이란 관습이나 제도에서 벗어나 질적으로 새로운 것을 급격하게 세우는 것을 의미한다. 고마워 교실이 교실 혁명이라는 걸까? 아니면 질문 수업이 혁명이라는 걸까? 하긴 이전에 학생들을 지도하는 방식과는 분명히 다른 점이 있음은 곽 선생도 인정한다.

"왜 교실 혁명이라고 표현하신 건지? 프랑스 혁명인가요? 산업혁명 같은 거?"

곽 선생은 조심스럽게 물었다.

"어머나! 곽 선생님 센스 있으시다. 우리는 고마워 혁명이죠."

전학공 선생님들께서 웃으면서 맞장구를 쳤다. 김 선생이 답했다.

"곽 선생님! 지금까지 '고마워'라는 말을 쓰면서 학생들을 존재에 대한 고마움으로 대해 보신 적 있으신가요? 올해 '고맙다'는 말 정말 많이 쓰셨죠? 지금까지 이렇게 많이 해 보신 적 없으시죠? 그 어디에서도 이런 교육법을 알려 주지도 않았고요. 또 질문 수업도 마찬가지잖아요. 학생이 쉽고 부담 없이 편안하게 질문할 수 있는 수업 구조를 만들어 주지 못했잖아요. 고마워도, 질문도 우리 곁에 있었지만 우리가 놓치고 있었지요. 이걸 활용하면 학생들도, 교사들도 모두 행복한 성장을 할 수 있으니 바로 혁명이지요."

맞다. 달랐다. 곽 선생은 다른 해보다 감동을 많이 받았다는 걸 깨달았다. 학생들에게 '고마워'를 많이 말했고 많기 듣기도 했다. 학부모들의 댓글에서도 '감사합니다'라는 단어를 만났다. 분명 달랐다. 지금까지 인식하지 못하고 있었을 뿐이었다.

삐딱이
호준이

"내 이름은 윤호준. 뭐, 그냥 대충 부르면 돼요."

윤호준, 전학생의 등장이다. 곽 선생 반 학생들의 눈빛은 기대와 호기심으로 가득 찼다. 그러나 호준이는 인사말 한마디로 그 분위기를 깨부쉈다. 말투와 태도는 마치 "나한테 특별한 기대는 하지 마세요."라고 말하는 것 같았다. 자리에 앉자마자 몸을 뒤로 젖혀 다리를 책상 아래로 뻗었다. 다른 아이들은 당황한 듯 잠깐 정적에 빠졌다. 곽 선생도 당황스럽기는 마찬가지였다. 이미 이전 학교에서 '문제아'라는 꼬리표를 단 소문이 먼저 왔었다.

'우리 반은 고마워 교실이잖아. 괜찮을 거야.' 곽 선생은 불길한 예감이 스쳤지만 애써 마음을 다잡으려 노력했다. 한 주가 지나고 곽 선생은 호준이를 불렀다.

"호준아, 잘 적응하고 있어?"

"그럭저럭요. 근데 이 반, 좀 이상해요."

"이상해? 왜?"

"다들 뭔가⋯. 너무 착한 척을 하는 것 같아요."

삐딱해 보이긴 했지만 호준이의 솔직한 표현이 곽 선생은 마음에 들었다. 호준이와 대화하면서 곽 선생은 현수가 느껴졌다. 하지만 소문과 달리 큰 문제를 일으키지 않아서 호준이도 충분히 고마워 교실에 적응할 거라는 생각을 했다. 지난해에 그렇게 수업 태도가 엉망이었던 현수도 4월이 지나며 고마워 교실에 스며들지 않았던가.

[16] 전학생 라포르 쌓기

전학생은 낯선 환경에서 긴장과 불안을 느끼며 위축되기 쉽다. 교사가 따뜻하게 다가가면 적응에 큰 도움이 된다.

1. 환대와 친절한 안내

"우리 반에 와 줘서 고마워!"

전학생을 환대하며 취미나 좋아하는 것을 물어 관심을 보인다. 전학생은 낯선 환경이라 모든 것이 어색하다. 교실 규칙, 자리 배치 등 기본 정보를 친절히 안내하고, 도우미를 지정해 돕게 한다.

2. 소속감 지원하기

"짬뽕, 짜장면! 하나, 둘, 셋!"

쉬는 시간에 간단한 게임 등으로 대화를 시작해 자연스럽게 라포르를 형성할 수 있는 기회를 가진다. 그리고 도움이 필요하면 언제든 요청하라고 안내한다. 적응 후엔 쉬운 활동이나 역할을 맡겨 소속감을 느끼게 하며, 지속적으로 관찰하고 필요한 도움을 제공한다.

고마워 교실의
백일잔치

고마워 교실 93일 차. 칠판에 적혀 있는 숫자는 100을 향해 가고 있었다. 학생들은 90일이 지나자 매일매일 카운팅을 하면서 백일잔치를 기다렸다. 어쩌면 3월 2일부터 100일을 기다려 왔는지도 모르겠다.

"선생님, 백일잔치에는 뭐할 거예요?

"백일잔치? 우리가 무슨 응애응애 아기도 아니고. 그거 왜 해요? 그냥 넘어가면 안 돼요?"

호준이의 발언에 갑자기 교실 분위기는 얼어붙었다. 일부 장난꾸러기 학생들은 이 상황이 흥미진진하다는 듯 호준이를 보고 속삭였다.

"오! 호준이는 백일잔치에 대해서 잘 알고 있구나. 여러분 아기 때 백일잔치를 하는 이유가 뭘까요? 짝끼리 이야기해 보세요."

곽 선생은 호준이의 비딱한 말에 긍정적으로 반응하면서 학생들에게 질문으로 되돌려 주었다. 곽 선생은 호준이의 부정적 에너지에 끌려가지 않고 긍정적으로 대처한 것 같아 으쓱해졌다. 태어났으니까요. 예뻐서요. 좀 컸으니까 예쁜 옷 입고 사진 찍는 거예요. 어른들이 하고 싶어서요. 다양한 소리가 섞여서 들려왔다. 어느새 호준이도 짝이랑 시큰둥하게 대화를 하고 있었다.

"예전에는 아기들이 태어나서 100일이 되기 전에 죽는 경우가 많았단다."

"어머나! 아기들이 왜 많이 죽어요?"

깜짝 놀라며 학생들이 물었다. 곽 선생은 아이들의 동정 어린 마음이 느껴지는 듯했다.

"옛날에는 의술이 발달하지 못해서 그렇단다. 그래서 무사히 자란 것을 감사하게 여기고 잔치를 해서 축하해 주는 것이 우리의 풍습이란다. 잔치를 할 때는 백일 떡을 해서 이웃들과 나누어 먹었단다. 여러분들도 하얀 백일 떡 먹어 본 적 있죠?"

아이들은 백일 떡을 먹었다며 뜬금없이 먹고 싶다, 배고프다고 아우성쳤다.

"예전에는 백일잔치를 할 때 백일 떡을 많은 사람이 나눠 먹을수록 아이의 명이 길어지고 복을 받는다고 생각했단다. 그래서 친척은 물론 이웃과도, 심지어 길 가는 사람들에게도 나눠 주었다고 해."

"호준이가 말한 것처럼 응애 하고 우는 아기의 백일잔치와 고마워 교실의 백일잔치는 무엇이 같고 다를까?"

곽 선생은 학생들에게 백일잔치의 의미를 생각하면서 고마워 교실 100일이 되면 어떤 활동을 하면 좋을지 1주일 동안 생각해 보라고 했다. 학생들은 1주일 동안 '우리 반 생각 상자'에 각자의 아이디어를 넣어 두기로 했다.

퇴근길에 곽 선생은 혹시나 하고 '우리 반 생각 상자'를 열어 보았다. 이미 종이가 가득 쌓여 있었다. 종이의 양이 아이들의 마음일 것이다. '백일잔치 의미 알기, 백일 떡 먹기, 우리 반 친구들에게 고마움 전하기, 감사한 분들에게 백일 떡 나눠 주기, 고마운 점 릴레이하기, 고마워 교실 노래 부르기, 백일 동안 고마웠던 일 적기, 포토존을 만들어 백일 사진 찍기, 왕관 만들어 쓰기, 백일 선물 주고받기, 백일 축하 편지 쓰기' 등 백일잔치의 의미에 맞는 다양한 생각이 담겨 있었다. '백일 떡을 주문해야겠다.' 결심하는 곽 선생의 표정이 '우리 반 생각 상자'에 담긴 생각만큼 밝아졌다.

자신에게 보내는
고마워 편지

백일잔치 당일에 교실은 학생들의 밝은 웃음소리로 가득 찼다. 교실 앞에는 학생들이 준비한 풍선과 곽 선생이 준비한 백일 떡이 쌓였고 포토존이 마련되었다. 곽 선생은 학기초에 교육과정을 편성할 때부터 백일잔치 하는 날은 창체 2시간과 체육 1시간으로 계획해 두었다. 수업계획을 미리 해 두었기 때문에 더 편안한 마음으로 백일잔치를 맞이할 수 있었다.

"백일잔치에서 첫 번째 활동은 '우리 반 생각 상자'에 담긴 아이디어 중 가장 많이 나온 '포토존에서 사진 찍기'예요. 단체 사진부터 한 장 찍고, 짝끼리 번갈아 가면서 사진 찍어 주기를 할 겁니다."

짝이 한 팀이 되어 사진을 찍는 동안 다른 학생들은 고마워 교실에서 100일을 보낸 자신에게 감사 편지를 쓰기로 했다. 교실의 분위기는 평온하고 자유로웠다. 한 팀이 나가서 사진을 찍고 들어오면 다른 팀이 나가고, 나머지 아이들은 그간 자신의 존재에 대한 고마움을 찾으면서 짝과 대화하기도 했다.

"저는 저한테 고마운 게 없는데요. 그러면 안 적어도 되죠?"

호준이의 당돌한 말에 곽 선생은 자신도 모르게 얼굴을 찡그렸다.

"왜 없어? 자기 자신의 존재에 대한 고마움이 있잖아. 살아 있으니까 고마운 거지?"

민지의 목소리가 들려왔다. 다른 아이들도 맞장구쳤다.

"호준아, 너는 전학 와서 잘 못 찾는 거야. 우리는 3월에도 한 번 해 봤거든. 내가 알려 줄게."

호준이 짝이 자기가 쓴 걸 보여 주면서 호준이에게 말을 걸었다. 곽 선생은 뿌듯했다. 교실이 한층 더 따뜻해진 것이 고마워 교실 덕분이라는 생각을 했다.

반 아이들의 사진 찍기가 끝나갈 때쯤 '자신에게 쓴 감사 편지'를 칠판에 하나둘 붙이기 시작했다.

[17] 고마워 교실 백일잔치

1. 의미

전통적으로 백일잔치는 아기의 무사한 성장을 축하하며 이웃과 기쁨을 나누는 행사이다. 고마워 교실의 백일잔치는 학생들의 긍정적인 변화를 축하하고 서로의 존재에 대한 감사함을 나누는 데 초점이 있다. 학생들이 서로 고마운 마음을 표현하고, 교실 내에 긍정 에너지를 확산시키며, 스스로 성장에 대해 자부심을 느낄 수 있도록 한다.

2. 백일잔치 활동 프로그램 예시

① 1교시 : 포토존에서 사진 찍기 & 자기 자신에게 감사 편지 쓰기
- 포토존 : 학생들이 준비한 장식과 교사가 준비한 백일 떡을 배경으로 단체 사진과 개인 사진 촬영
- 감사 편지 : 각자 지난 100일간 자신에게 고마운 점을 적으며 자기 자신을 돌아보는 시간

② 2교시 : 감사 떡 나누기
- 활동 : 백일 떡을 학교에서 감사한 선생님들(전담, 보건, 영양 등)께 나눠 드리며 감사의 마음 표현하기
- 준비물 : 간단한 감사 카드와 떡 포장

③ 3교시 : 협동놀이
- 활동 : 실내화 탑 쌓기 놀이 등 창의적이고 협력적인 활동을 통해 팀워크 다지기
- 대안 활동 : 학생들이 제안한 아이디어를 반영한 릴레이 감사 말하기 또는 간단한 게임

④ 마무리 활동 : 긍정 에너지 전환을 위한 백일잔치 소감 나누기

- 백일잔치에서 느낀 뿌듯함이나 감사했던 점을 짝과 이야기 나누기
- 가장 즐거웠던 순간과 느꼈던 감사한 점을 간단한 글로 표현하기

3. 교사를 위한 팁

① 긍정적인 분위기 유지하기 : 학생들의 다양한 반응을 수용하며, 부정적인 에너지가 발생할 경우 유연하고 긍정적으로 대처한다.

② 학생 자율성 존중 : 학생들이 직접 참여하고 의견을 제안할 수 있는 환경을 조성한다. 예) 백일잔치 미리 예고하고 활동 제안하기, 포토존 꾸미기, 감사 편지 쓰기 등

③ 활동 간 조화 유지 : 다양한 활동이 자연스럽게 이어지도록 시간 계획을 세심히 관리한다.

④ 6월 정도 되면 학급에 이런 저런 일들이 생긴다. 백일잔치는 긍정으로 에너지의 방향을 돌리고, 학생들에게 감사와 연대의 중요성을 가르치는 의미 있는 시간이다. 백일잔치를 하며 감사 에너지로 남은 1학기를 잘 보낼 수 있는 토대를 튼튼히 하자.

고마워 릴레이
말하기

"여러분, 이번에는 고마워 릴레이를 해 보아요. 우리 반 친구들에게 고마웠던 점을 하나씩 말해 주세요."

현수가 첫 번째로 일어났다. 현수가 하는 말보다 곽 선생은 이상하게 호준이가 신경 쓰였다. 분명히 활동은 하고 있는데 뭐가 불만인 건지 팔짱을 낀 채로 무표정하게 있었다.

"저는 태현이한테 고마워요. 체육 시간에 골을 넣어 줘서 너무 멋졌어요. 덕분에 우리 팀이 이겨서 고마워요."

태현이가 일어났다. 고마움을 받은 학생이 일어나서 또 다른 친구에게 고마움을 전하는 것이 '고마워 릴레이'다. 태현이가 다른 친구에게 고마움을 전하고 있는데 호준이가 앞에 있는 현수를 향해 속삭였다.

"너도 진짜로 고마운 거야? 아니면 그냥 보여 주기 식으로 하는 거야?"

현수는 잠깐 당황하더니 슬며시 웃으며 대답했다.

"뭐, 선생님이 좋아하니까…. 근데 너도 한마디 해 보는 거 어때?"

호준이는 코웃음을 치며 말했다.

"웃기지 마. 난 그런 거 안 해."

학생들이 고마운 마음을 나누는 활동이 계속되는 동안 호준이는 점점 초조해 보였다. 드디어 그의 차례가 되었을 때 호준이는 자리에서 벌떡 일어났다.

"이딴 걸 왜 해야 하는데요? 고맙다고 말한다고 해서 뭐가 달라져요?"

호준이는 주변 학생들을 향해 시선을 돌리며 비웃듯 말했다.

"솔직히 다들 선생님한테 잘 보이려고 하는 거 아니야? 착한 척하면서…. 근데 너희 진짜 서로한테 고마워?"

교실이 조용해졌다. 현수가 뒤에 앉아 있는 호준이를 향해 고개를 돌렸다. 그리고 소리 없이 웃으며 말했다.

"오! 나도 사실 하기 싫은데 그동안 억지로 한 거야."

이 말에 학생들 사이에서 웅성거림이 퍼졌고, 곽 선생이 빠르게 개입했다.

"호준이가 고마워 말하기를 어려워하니까 선생님이 연결해 볼게. 효정이는 항상 맑은 미소로 선생님을 대해 줘서 고마워요!"

효정이가 미소 지으며 일어나서 고마워 릴레이를 이어 갔다. 1교시가 마치는 종소리가 울렸다.

"다음 시간은 백일잔치의 백미, 백일 떡을 먹는 시간입니다."

"야호! 신난다."

연대하는
삐딱이들

곽 선생은 호준이와 현수를 복도로 데리고 나갔다. 두 아이는 히죽거렸다. 곽 선생은 순간 화가 치밀었다. 그냥 복도에 세워 두고 반성하라고 하고 싶었다. 그랬다가는 바로 아동학대가 되겠지? 씁쓸했다.

'두 녀석 때문에 백일잔치를 망칠 수는 없다.'

곽 선생은 다른 친구들을 생각하면서 예의 있게 말해 달라고 부탁했다.

"그냥 솔직하게 말한 것뿐이잖아? 어차피 다 가짜 같은데?"

호준이는 현수라는 든든한 친구가 생겼다고 생각했는지 어깨동무하면서 교실로 들어갔다.

2교시는 백일 떡을 하나씩 먹고 학교에서 감사한 분들에게 백일 떡을 나누어 주는 활동을 했다. 어느 곳으로 감사함을 전하러 가면 좋을지 의논했다. 영양선생님, 사서선생님, 보건선생님, 스포츠 선생님, 수석선생님, 교장선생님, 교감선생님…. 학교에 근무하는 선생님들이 다 등장했다. 누가 어느 분께 고마움을 전할지 나누었다.

작은 카드에 간단하게 고마움을 적고 짝과 함께 백일잔치의 떡을 드리러 갔다. 학생들이 누군가에게 나눔을 하는 기쁨을 느낄 수 있다는 것만으로도 곽 선생은 기분이 좋았다. 호준이도 짝과 함께 잘 다녀왔다.

2교시 쉬는 시간에 호준이와 현수는 딱 붙어 있었다. 둘이 이렇게 친했나? 곽 선생은 1교시 때 사건으로 둘을 바라보는 심경이 불편했다.

"야, 현수야, 그냥 다 뒤집어 놓는 거 어때?"

"좋아. 백일잔치? 우리가 어떻게 망치는지 보여 주자."

실내
협동놀이

3교시는 협동놀이 시간이었다. 실로 옮기는 종이컵 놀이도 이미 많이 해 왔고, 뭐 특별한 것은 없을까 생각하다가 실내화 탑 쌓기 놀이를 하기로 했다. 작년 학생들이 무척 좋아하던 실내 놀이였다. 반 학생들을 둥글게 교실 바닥에 앉혔다.

'우리 반 친구들 실내화 탑 쌓기'

한 명이 실내화 한 짝을 놓고 그 옆에나 위에 놓으면서 탑을 만들어 가는 놀이다. 준비물 없이 손쉽게 할 수 있기 때문에 언제 어디서나 할 수 있다. 쉬워 보이지만 전략이 필요하다. 피라미드처럼 쌓아야 무너지지 않는다. 처음에는 학생들이 각자 실내화를 올리는 활동에 목적을 둔다. 두어 번 하다 보면 전체적인 방향을 이해하게 된다.

한 명 한 명 고심하면서 실내화를 놓았다. 옆에도 놓고 위에도 놓고, 그러다가 무너지기도 하고, 다시 처음부터 쌓았다. 호준이 차례가 왔다. 호준이는 마치 기다렸다는 듯이 실내화를 사뿐히 놓지 않고 아무렇게나 던지듯이 해서 탑을 무너뜨렸다 .

"야, 윤호준, 에이씨….”

호준이를 탓하는 소리가 여기저기서 들렸다. 욕이 섞인 소리들도 들려왔다. 정작 호준이는 학생들의 그런 반응을 즐기고 있었다. 현수도 히죽거리면서 웃고 있었다.

"저는 그냥 제 방식으로 쌓은 건데요. 무너질 수 있는 거잖아요?”

"이게 사뿐히 쌓은 거니? 협동이라고 생각해?”

곽 선생은 호준이에게 결국 인상을 쓰고 딱딱한 목소리로 말을 했다. 실내화 탑 쌓기 놀이를 즐기려던 나머지 학생들도 시무룩해졌다. 이미 분위기는 망쳤다. 백일잔치는 학생들에게 기쁨을 주고 긍정 에너지를 주기 위한 이벤트였는데 부정으로 마무리된 것 같아 곽 선생은 속상해서 눈물까지 나려고 했다. 그동안의 노력이 아무 의미가 없는 것처럼 느껴졌다.

[18] 종이컵 협동놀이

놀이의 목적은 재미와 즐거움이고 긍정적 상호작용이다. 그러나 놀이가 과열되면 짜증, 불만, 부적절한 언어가 나타나기 쉽다. 고마워 교실의 놀이는 고마워 교실 언어를 배울 수 있는 기회로 삼는다.

• 놀이에 활용한 긍정 언어 : 고마워, 미안해, 괜찮아, 다시 하면 돼, 좋아, 야호

예시 : 종이컵 쌓기 놀이

1. 생각 시간 주기 : 준비물을 학생들에게 보여 주고 생각할 기회를 준다. 어떤 놀이일까?

2. 교사가 놀이 방법과 규칙을 알려 준다.

   • 고무줄을 잡고 컵을 다른 위치로 옮겨서 피라미드 형태로 쌓기

   • 종이컵에 손대지 않기

   • 종이컵이 쓰러지면 처음부터 다시 시작하기

3. 3분간 놀이해 보기 : 놀이의 방법과 규칙, 그리고 학생들 간 상호작용 살펴보기

4. 고마워 교실 언어 사용하며 놀이하기 : 고마워, 미안해, 괜찮아, 다시 하면 돼, 좋아, 야호

5. 협동놀이를 하면서 자신이 발휘한 미덕 찾고 공유하기 / 내면화 글쓰기

콩나물에
물 주듯

"수석님, 오늘 백일잔치 망했어요. 호준이가 난리치는데 저조차
도 백일잔치를 왜 하지라는 생각이 들더라니까요."

"너무 속상했겠다."

곽 선생은 수석실에 들러 양 수석에게 주저리주저리 말했다. 호
준이가 행사 중 보인 행동, 현수의 동조, 그리고 그것을 바라보던 아
이들의 침묵과 일부 아이들의 무언의 동조까지 모든 상황이 머릿속
에서 뒤엉켰다.

"호준이가 오늘 난리를 친 건 그 아이가 아직 자신의 가치를 느껴
보지 못했기 때문이에요. 고맙다고 느낀 적이 없고, 누군가에게 고
마움을 표현한 경험도 적으니까요. 하지만 바로 그 아이를 위해서라

도 백일잔치가 필요한 거예요. 고마움은 한 번에 스며드는 게 아니라 반복적으로 경험하며 쌓여 가는 거 알잖아요. 콩나물에 오늘 한 번 물 주면 물은 아래로 다 빠져나간 것 같아도 매일 물 주다 보면 어느새 자라나 있잖아요. 우리 아이들도, 교사도 다 마찬가지 아니겠어요?"

"콩나물에 물 주듯….'

맞는 말이었다. 학기초와 달리 현수도 조금씩 변했다. 곽 선생도 포기하지 않고 현수에게 계속 다가갔다. 현수에게 까칠하던 반 학생들도 점차로 현수를 편안하게 바라보는 걸 느낄 수 있었다. 곽 선생은 호준이가 전학 오고는 현수도 예전 모습으로 돌아간 것 같아서 혼란스러웠다.

"지난번에도 말씀드렸듯이 시도해 보셨잖아요. 그리고 오늘 모든 시간이 실패가 아니잖아요. 2교시까지는 성공하셨잖아요. 짝짝짝."

양 수석은 모든 것이 실패라고 단정 짓지 않으면 좋겠다고 말했다. 그리고 부정적 에너지로 마무리되었기 때문에 하교 전에 긍정 에너지로 전환을 하라고 했다. 백일잔치에서 즐거웠던 점과 뿌듯함에 대하여 짝과 대화를 나누게 하면 도움이 될 거라고 했다. 그래서 백일잔치 소감을 두 줄로 간단하게 적어서 '우리 빈 생각 상자'에 넣고 하교하기로 했다.

'백일잔치 덕분에 100일 동안 내가 긍정적인 말을 많이 쓰려고 노력했다는 것이 자랑스럽다.', '우리 반이 고마워 교실이라 참 좋다.', '백일잔치에 이어서 200일잔치도 했으면 좋겠다. 즐거웠다.', '재미

있었다.', '다른 분들에게 백일 떡을 돌렸을 때가 좋았다.' 학생들이 쓴 소감은 긍정적이었고 따뜻했다. 곽 선생은 안도가 되었다.

★ 교실 실천 가이드 ★

[19] 학습의 내면화 : 배움 글쓰기

배움 글쓰기는 배운 내용을 자기 것으로 만드는 중요한 과정이다. 같은 수업도 학생마다 느끼고 깨닫는 것이 다르다. 단순히 듣고 보고 활동한 것으로 수업이 끝나지 않도록 학생들이 배움을 스스로 정리하는 시간이 필요하다.

배움을 삶과 연결하는 가치 질문

• 배움이 내 생각이나 행동에 어떤 영향을 주었나요?

• 나라면 어떻게 했을까요?

• 내가 깨달은 점은?

수업 도중 특정 학생의 부정적 에너지가 교실에 퍼졌을 경우 질문으로 개인의 배움을 다시 긍정적으로 정리하도록 도와주는 것이 좋다.

부정성을 긍정성으로 전환하는 질문

• 이번 시간을 통해 배운 점은?

• 이 일이 나와 친구들의 관계에 어떤 의미를 남겼을까?

• 다시 기회가 온다면 나는 어떻게 다르게 행동할 수 있을까?

두 줄이라도 좋다. 짧게라도 학생이 자신의 배움을 내면화하는 기회를 제공하자.

긍정과 부정의
줄다리기

"일희일비!"

퇴근한 곽 선생 남편이 아내의 표정을 살피고는 한마디 했다. 어제 백일잔치를 준비하던 아내의 모습과 오늘의 모습은 사뭇 달랐다. 곽 선생이 불안해 보였던 것이다. 곽 선생은 3월에 고마워 교실 운영을 시작한 후 6월이 되면 뭔가 '짠' 하고 이루어질 줄 알았다. 그런데 전혀 그렇지 못했고 백일잔치는 고마워를 선언했던 순간을 후회하게 만들었다.

퇴근 전에 본 학생들의 소감이 따뜻하긴 했지만 찜찜한 것은 어쩔 수 없었다. 호준이가 전학 온 날부터 곽 선생은 매일 매일 호준이의 말 한마디 한마디가 불편했다. 애써 가꿔 온 학급이 무너질까 노심초사하고 있었다. 애써 참아 온 감정이 백일잔치로 터져 버렸다. 학교에서 느꼈던 불안, 짜증, 불편의 감정이 곽 선생 가정까지 따라왔다.

분명히 백일잔치는 교사에게, 또 학생들에게 긍정적 에너지를 주는 것이라고 했다. 퇴근길에 만난 김 선생은 백일잔치가 성공적이라면서 행복한 얼굴이었다. '그런데 나는 왜 마음이 더 불편한 걸까?' 곽 선생은 자신의 마음을 알지 못하겠다는 듯 답답했다.

'교실 에너지의 줄다리기가 격렬해지는 6월.'

갑자기 김 선생이 전학공 시간에 한 말이 떠올랐다. 왜 이런 말을 했을까?

감사 일기의 시작은
모방

곽 선생은 출근과 동시에 김 선생 교실을 기웃거렸다. 김 선생은 보이지 않고 학생들만 아침 활동을 하고 있었다. 교실 TV 화면에는 「기적의 감사 일기 100」 유튜브가 열려 있었다. '부정적 상황에서 감사 일기 쓰기'라고 되어 있고 순이의 감사 일기가 예시로 떠 있었다. 일찍 등교한 학생 몇몇이 아침 감사 일기를 쓰고 있었다. 그런데 방금 교실 문을 열고 들어온 학생이 다시 처음부터 그 영상 시작 버튼을 눌렀다. 소리가 흘러 나왔다. 1분 정도 영상을 시청하더니 다시 조금 전 순이 감사 일기 화면에서 멈춰 세웠다. 화면은 화면대로, 등교한 학생은 각자의 아침 감사 일기[20]를 쓰고 있었다.

"곽 선생님, 안녕하세요."

교실 문 앞에서 학생들을 바라보고 있으니 뒤에서 김 선생이 환하게 인사했다. 김 선생 교실의 아침 활동은 감사 일기 쓰기와 긍정 확언이었다. 3월에는 아침 긍정 확언, 4월부터 아침 감사 일기와 긍정 확언 2가지를 하고 있다고 한다.

"그런데 학생들이 화면에 보이는 감사 일기를 따라 쓰는 것인가요?"

"네, 학생들에게 매일 감사 일기를 쓰라고 하면 힘들어해요. 다양한 관점에서 고마움을 찾기 어렵거든요. 그래서 다양한 관점에서 바라본 감사 일기를 모방하다 보면 쓰기가 쉽지요. 양 수석님이 자료를 만들어 제공해 주시니 얼마나 편한지 모르겠어요. 참 감사한 일이죠."

"아침 감사 일기가 학생 지도에 도움이 되시던가요?"

"양 수석님이 고마워 교실 운영에서 아침 감사 일기를 엄청 강조하시잖아요. 저는 제 나름대로 감사 일기 쓰기 지도를 했거든요. 그런데 학생들이 감사함을 찾는 건 매일 비슷해요. 너무 반복적인 것만 나오다 보니 감사할 것도 별로 없고 감사 일기를 지루해하더라고요. 그래서 주제 감사 일기가 좋겠다 싶어서 학생들에게 주제를 제공해 주었는데요. 그게 글을 잘 못 쓰는 학생들은 힘들어하더라고요. 긍정 에너지를 주려고 시작했는데 부정 에너지를 만들어 주는 꼴이 되어 버렸어요."

"어머나! 김 선생님도 그런 시절이 있었군요."

"양 수석님이 안내해 주시는 모방의 방법을 선택하시면 좋아요.

처음에는 감사 일기를 보고 그대로 따라 쓰라는 양 수석님을 이해하지 못했어요. 하지만 모방 덕분에 수업도, 생활지도도 잘 이루어지게 되어 감사할 따름입니다."

"곽 선생님, 복리 효과 아시죠? 아침 감사 일기는 교육의 복리 효과가 있어요. 꼭 경험해 보세요."

'복리 효과'라는 말을 중얼거리며 곽 선생은 교실로 돌아오자마자 「기적의 감사 일기 100」 영상을 찾아보았다. 2분 내외로 짧고 간단하게 만들어져 있었다. 그것도 다양하게 100개나⋯. 미덕까지 넣어서⋯. 와, 좋은 자료였다.

곽 선생은 김 선생에게 '긍정과 부정의 줄다리기'에 대한 해답을 구하러 갔다는 목적을 잊어버렸다. 이번에는 '복리 효과'라는 말이 머릿속에 맴돌 뿐이었다.

[20] 아침 감사 일기 쓰기

• 일기 : 매일을 기록하고 반성하는 쓰기
• 감사 일기 : 일기라는 기록과 감사함을 찾아 쓰기
• 아침 감사 일기 : 그날의 기록이라기보다 이전에 일어났던 일들을 다시 꺼내어 생각해 보는 시간. 그날 하루를 미리 감사하는 쓰기

교실 아침 감사 일기 쓰기 방법

1. 유튜브 「기적의 감사 일기 100」 등 다양한 감사 일기 예시 글을 보여 준다. 이때 고학년의 경우 아침 활동 담당자가 있다면 교사가 없어도 스스로 할 수 있다.
2. 영상 시청 : 학생들은 함께 1~2분간 감사 일기 예시 영상을 시청한다.
3. 따라 쓰기 : 학생들은 영상에 나온 예시글을 자신의 공책에 똑같이 따라 쓴다. 이 활동을 100일 동안 반복한다.
4. 발전 : 처음에는 따라 쓰기 형식으로 시작하고 학생들이 익숙해지면 점차 자신의 이야기를 써 보도록 안내한다.

처음 감사 일기를 쓰는 학생들은 감사함을 찾고 표현하는 것이 낯설고 어려울 수 있다. 늘 비슷한 내용만 반복하다 지치기 쉬우므로, 100일간 다양한 주제를 모방하며 감사 일기를 쓰면 감사의 관점을 넓히고 익히는 연습이 된다. 부담 없이 예시를 참고하며 감사의 폭을 확장하고, 기분 좋았던 일뿐만 아니라 불편했던 경험도 새로운 시각에서 바라보는 법을 배운다. 아침 감사 일기는 교실에서의 하루를 긍정적이고 차분하게 시작하도록 돕고, 감사 표현 능력과 글쓰기 실력을 함께 키우는 효과가 있다.

학부모 상담 기법
애.교.감

곽 선생은 교실 창가에 앉아 양 수석의 「100% 신뢰받는 상담 기법」영상을 보고 있었다. 4월 학부모 상담주간에 도움을 많이 받은 영상이었다. 그 영상을 보면서 다시 한 번 복기하고 있었다. 어떻게 호준이 어머니께 오해 없이 잘 전달할 수 있을까? 고민하다 보니 벌써 시계가 4시를 가리켰다. 조심스럽게 문을 두드리는 소리가 들렸다.

"호준이 어머니, 어서 오세요. 학교까지 와 주셔서 감사합니다."

"안녕하세요. 처음 뵙겠습니다. 일을 하다가 급하게 왔더니 덥고 힘드네요."

자리를 권하기도 전에 호준이 어머니는 학생 의자를 꺼내어 앉으셨다. 곽 선생은 교사 책상 옆에 보조의자를 마련해 두었지만 슬쩍

밀어 두고 일어섰다. 호준이 어머니와 학생 책상을 하나 두고 마주 앉았다. 더우실 듯하여 시원한 차를 드리려다 혹시나 하고 의향을 물어봤다. 따뜻한 아메리카노. 호준이가 어머니를 닮았나 보았다. 취향이 확실했다.

"선생님 제가 좀 바빠서 그러는데 본론만 말씀해 주세요. 호준이가 장난을 좀 쳤다 하더라고요. 현수라는 아이와 그랬다고 하던데…."

호준이 어머니는 곽 선생이 학교에 오라고 한 것 자체가 불만인 듯 퉁명스럽게 말했다. '장난'. 누군가에게는 장난이고 누군가에게는 폭력이 될 수 있는 단어다. 어제 민지 어머니는 두 녀석의 장난이 너무 지속되고 있다고 장난이 아니고 폭력이라고 확실하게 정의했다. 민지와 현수는 2년 연속 같은 반인데 작년에는 종종 다툼이 있었다고 했다. 하지만 4학년이 되어서는 잘 지내는 듯해서 별 걱정이 없었는데 6월에 호준이가 전학 오고 난 후 괴롭힘이 있었던 것이다.

"어머니, 호준이가 장난기가 많죠? 어릴 때는 어땠나요? 저희 아들은 이제 3살인데 개구쟁이예요. 애기 아빠가 어릴 때 그렇게 장난을 많이 쳤다고 하더라고요. 아빠 닮았을 수도 있겠다 싶어요."

"어휴, 선생님 아기가 3살인가 봐요. 3살짜리 아기가 장난을 쳐 봤자 뭐 크게 치겠어요."

"저는 호준이가 좋습니다. 호준이는 솔직하고요. 자기주장이 확실해요. 전학 와서 주눅 들지도 않고 자신이 하고 싶은 것을 명확하게 전달해요."

들어올 때와 달리 호준이 어머니가 3살 아기 이야기에 살짝 느슨해진 느낌이 들었다. 자녀를 애정하는 교사에게 마음을 열 것이다. 곽 선생은 연수 영상을 떠올렸다. 곽 선생은 상담을 시작하기 전에 호준이에 대한 애정을 드러내었다. 곽 선생의 호준이 칭찬에 호준이 어머니의 맞장구 칭찬이 더해졌다.

"호준이가 솔직해요. 혼나더라도 항상 솔직하게 말하라고 가르치고 있어요. 우리 호준이가 장난이 좀 많이 심해서 친구들과 잘 싸우지요? 2살 위의 형과도 잘 싸워요. 절대 안 지려고 하거든요."

곽 선생의 호의적인 태도에 호준이 어머니는 마음의 문이 열렸는지 호준이의 문제를 장황하게 늘어놓으셨다.

"민지 필통을 던지고, 숨기고, 빗자루로 민지를 쓸어내려고 한 것은 들으셨어요?"

호준이 어머니는 처음 듣는 듯한 놀란 표정이더니 현수의 문제점을 지적했다.

"아, 그거 현수가 먼저 그랬다고 하더라고요. 호준이는 전학 와서 친구가 없었는데 친해졌나 보더라고요. 그러다 보니 어쩔 수 없이 같이한 것 같아요."

핑계였다. 호준이 어머니가 호준이의 친구관계를 모를 리 없었다. 자식이 가지고 있는 문제를 알지만 인정하고 싶지 않은 부모의 마음일 것이다. 곽 선생도 부모 된 마음으로 안타까웠다.

"호준이가 이전 학교에서는 이런 행동을 한 적이 있었을까요? 또는 학원에서라든지…."

호준이 어머니는 호준이가 형이랑은 싸워도 친구들과 이렇게 다툼이 일어난 적이 없다고 단호하게 말했다. 곽 선생은 씁쓸했다. '진짜 장난이라고 대수롭지 않게 생각하신 걸까?' 하는 생각도 들었다.

"어머니, 호준이와 현수의 장난이 민지에게 반복적으로 일어나고 있어서요. 학교폭력에서 중요하게 살펴보는 지점은 반복, 지속성이거든요. 일회적인 경우는 장난으로 여겨질 수 있지만 한 학생에게 반복으로 장난을 행할 때는 분명히 폭력으로 보게 됩니다. 이 점을 명확하게 알려 드리기 위해 오시라고 했어요."

호준이 어머니의 표정에서 당황스러움은 보이지 않았다. 아마도 전학 오기 전 학교에서도 분명 많이 들었을 것이다.

"참! 어머니, 오늘 저랑 상담한 내용은 호준이에게 비밀로 해 주세요. 호준이가 겉으로는 안 그런 척해도 마음속으로 많이 불안해하고 있을 겁니다. 호준이 어머님께서는 안 그러시겠지만 간혹 자녀들에게 폭언과 폭력을 쓰시는 분들이 있으세요. 그렇게 되면 호준이와 저와의 관계도 나빠질 수 있어요. 민지와의 문제는 저와 상담을 했기 때문에 거론하지 않으셔도 호준이가 알 겁니다. 대신 호준이에게 장난과 폭력의 차이를 분명하게 알려 주시면 좋겠습니다."

호준이 어머니는 알겠다고 했다.

"어머니, 한 가지 꼭 호준이에게 전해 주세요. '선생님이 호준이를 많이 좋아한다.'고요. 오늘 와 주셔서 감사합니다."

당부의 말과 호준이를 좋아한다는 곽 선생의 마무리 말에 호준이 어머니의 표정이 환해졌다.

곽 선생은 어제 민지 어머니와 상담, 오늘 호준이 어머니와 상담을 하고 나니 피로감이 밀려왔다. 그래도 예전과 달리 학부모 상담이 술술 풀리는 기분이었다. 목이 뻐근하여 목운동을 하며 퇴근 준비를 했다.

★ 교실 실천 가이드 ★

[21] 학부모 상담 기법, 애.교.감

1. 부모님들의 대화 유형 이해하기

• 학부모는 자녀의 장점 또는 단점을 이야기할 수 있으며, 각각에 맞는 대화 방식이 필요하다.
• 장점을 이야기하는 경우, 공감과 칭찬을 통해 대화를 진행한다.
• 단점을 이야기하는 경우, 공감과 이해를 통해 대화가 부정적으로 흐르지 않도록 한다.

2. 샌드위치 기법과 애.교.감의 순서로 대화하라.

시작 : 애정

• 학생에 대한 애정을 먼저 표현해 학부모의 방어기제를 풀어 준다.
• 학생이 교실에서 잘하는 것, 교실 생활에서의 장점을 부모님께 전달해 준다.
• 대화의 시작은 마음을 연결하는 것이어야 한다.

가운데 : 교정

• 질문으로 시작하라.

예) 친구들과의 관계가 좋지 않아요. 어머님은 어떻게 생각하시나요?
• 질문으로 부모님이 스스로 생각해 보는 기회를 주어야 한다.

마무리 : 감사 그리고 당부
• 상담에 응해 주신 부모님께 감사함을 전하라.
• 마지막 당부 : 제가 예뻐한다고 전해 주세요.

학생들은 부모님이 선생님과 대화한다고 하면 무슨 말을 했는지 궁금해한다. "선생님께서 너 좀 더 잘하라고 하시더라. 너 친구랑 맨날 싸운다며?" 분명히 부모님과 대화가 잘되었는데 부모님의 성향에 따라 아이들에게 말을 전하는 방식이 다르다. 부모님이 잘못 전달하여 교사와 학생 사이에 오해가 생기게 된다. 그래서 마지막에 학생들에게도 전할 말을 부모님께 꼭 알려 주어야 한다.

★ 가정 실천 가이드 ★

[★6] 선생님과의 상담을 긍정적으로 한다

선생님과의 상담은 자녀를 위해 중요한 소통의 기회가 된다. 상담 시 교사와 효과적으로 대화하는 방법을 알면 자녀의 학교생활을 더 깊이 이해하고 더 나은 방향으로 이끌 수 있다.

1. 대화 긍정적으로 시작하기

- 상담의 첫인상을 좋게 만드는 것은 학부모의 태도이다.
- 아이의 장점이나 긍정적인 순간을 먼저 언급하면서 대화를 시작한다.
  예)"우리 아이가 선생님 수업을 참 좋아합니다."

2. 선생님과 협력자 되기
- 학교와 가정은 아이를 함께 키우는 팀이라는 점을 기억한다.
- 문제를 논의할 때 선생님과 함께 해결책을 찾으려는 자세를 가진다.
  예) "우리 아이가 친구와 다툼이 많아 고민인데, 집에서 어떻게 도와야 할지 선생님의 의견을 듣고 싶습니다."

3. 자녀에게 따뜻한 말로 상담 내용을 전하기
- 상담 내용을 아이에게 전할 때 부정적인 내용을 강조하지 않도록 주의한다.
- 선생님의 따뜻한 마음과 애정을 중심으로 전달한다.
  예) "선생님이 너를 정말 예뻐하신대. 친구들과 더 잘 지내도록 노력하자고 하셨어."

4. 정기적으로 소통하기
- 상담은 한 번으로 끝내지 않고 정기적으로 소통하면서 아이의 변화를 공유한다.
- 선생님께 아이의 성과나 변화된 모습을 알려 드리며 필요한 경우 다시 상담을 요청한다.
  예) "선생님이 알려 주신 방법을 집에서 실천해 봤더니 효과가 있었습니다. 감사합니다."
- 선생님과 긍정적인 관계를 유지하면서 아이가 행복하게 성장할 수 있도록 함께 노력한다.

7~8월

방학,
부모가 선생님이다

호흡
명상

"너무 더워요. 에어컨 더 세게 틀어 주면 안 돼요?"

체육 수업을 다녀온 학생들이 아우성을 쳤다. 이제 여름의 시작 6월인데 이미 한여름처럼 더웠다. 뉴스에서는 기후위기 문제를 거론하며 이번 더위는 9월 아니 10월까지 지속될 것이라고 보도하고 있었다. 추위는 사람을 움츠러들게 하지만 더위는 짜증나게 만든다. 여름방학이 아직 한 달이나 남았다고 생각하니 곽 선생은 한숨이 났다.

"애들아, 고마워! 덥지? 물 마시고 편안하게 앉아 주세요."

물소리가 나는 조용한 음악이 교실에 흘렀다. 음악이 들리자 아이들은 어느새 하나둘 자신의 의자에 앉아 눈을 감기 시작했다.

"고마워요. 눈을 감고 2분 동안 호흡 명상을 할게요. 4초간 크게

들이쉬고 3초간 멈추었다가 6초 동안 천천히 내쉴 겁니다. 4.3.6 하지 않고 그냥 편안하게 앉아 있어도 되어요."

2분 타이머를 누르고 곽 선생도 호흡 명상을 했다. 잠시지만 곽 선생의 마음에도 평온이 찾아왔다.

"여러분, 고마워요! 이제 국어 교과서 254쪽 훈민정음의 탄생, 시작해 볼게요."

'더위'라는 방해꾼을 없애기 위해서 곽 선생은 연신 '고마워'를 말했다. 호흡 명상과 곽 선생의 고마워 샤워로 체육 수업으로 만들어진 즐거움이 다시 긍정 에너지로 연결되었다.

★ 교실 실천 가이드 ★

[22] 교실 호흡 명상법

호흡 명상은 들뜬 에너지를 차분하게 전환하는 데 도움을 준다. 그러나 교실 명상에서는 긴 시간을 투자할 수 없으므로 호흡 명상으로 5분 이내의 시간을 활용해 볼 수 있다. 1분이라도 실시하게 되면 학생들은 몸과 마음의 긴장을 풀고 학습에 집중할 준비를 할 수 있다. 꾸준한 명상 습관은 정서 안정과 스트레스 해소를 돕고, 교실 분위기를 긍정적으로 바꾸는 데 도움을 준다.

준비
등을 곧게 세우고 어깨는 힘을 빼서 의자에 편안히 앉아 눈 감기

호흡
① 코로 천천히 숨을 들이마시고 입으로 천천히 숨을 내쉬며 몸의 긴장 풀기
② 4초 동안 들이마시고, 3초 동안 멈췄다가, 6초 동안 내쉬는 패턴 반복하기
③ 호흡에 집중하며 떠오르는 생각은 자연스럽게 흘려보내기

마무리 : 3분 내외로 짧게 진행한 후 마무리 멘트로 정리
예) "오늘도 나와 친구들에게 편안하고 따뜻한 하루를 선물해 볼까요? 고맙습니다."

주의점
모든 학생이 명상을 편안하게 받아들이지 않을 수 있으므로 강요하지 말고 자연스럽게 참여하도록 안내한다.(예 : 눈감고 편히 쉬어도 된다. 등)

수업 속
고마워 에너지

'자랑스러운 한글, 이 단원은 10월 한글날 전후로 배우면 더 좋을 텐데….' 곽 선생은 교육과정의 흐름이 아쉬웠다. 곽 선생의 교육과정에 대한 불만은 아이들의 책 읽는 소리가 교실을 가득 채우자 스르르 사라졌다. 곽 선생은 짝끼리 번갈아 가면서 책 읽는 소리가 좋았다. 짝과 책을 읽고 질문 만드는 학생들의 모습, 학습에 대해 몰입한 모습을 볼 때면 경이롭기까지 했다. 호준이도 짝활동에 무리 없이 참여하고 있었다.

"세종대왕은 왜 시력이 나빠졌을까?"

"여자는 글을 못 배웠을까?"

"세종대왕은 왜 신하들 몰래 힘들게 문자를 만들까?"

"세종대왕이 새 문자를 만드는 데 신하들이 그렇게 반대할 필요가 있었을까?"

"글을 읽지 못하면 왜 억울한 일을 당할까?"

학생들은 자신들이 만든 질문으로 자유로운 대화를 이어 가고 있었다. 더운 여름날에 이렇게 몰입해서 수업을 해 주다니 곽 선생은 그저 고마운 마음이 들었다. 세종대왕의 활동과 미덕을 연결하면서 내용을 깊이 있게 들여다보고 배움 글쓰기로 수업이 마무리되었다. 수업 시간 내내 곽 선생의 입에서 '고마워' 소리가 절로 쏟아져 나왔다.

'고마워'를 많이 말해서 이렇게 된 걸까? 아니면 수업이 잘되니 '고마워'가 늘어난 걸까? 곽 선생은 닭이 먼저냐 달걀이 먼저냐를 생각하다가 3월에 시작한 교사의 '고마워 샤워'가 먼저였다는 것을 떠올렸다. 그만큼 곽 선생이 '고마워'를 많이 말했다. 아니 외쳤다가 맞는 표현일 거다. 김 선생이 말한 '고마워'를 통한 교실 혁명이 이런 것일까?

세종대왕님이 우리들에게 한글이라는 유산을 남겨 주려고 시력까지 잃어버렸다는 걸 알게 되었다. 세종대왕님께 감사했다. 그리고 내가 알지 못한 것을 알려 주는 교과서도 고맙고, 미덕 단어를 잘 모르는 나에게 민지가 알려 주어서 고마웠다.

곽 선생은 깜짝 놀랐다. 이게 호준이의 배움글이라고? 교과서, 민지에 대한 고마움이 적힐 것이라고는 생각지 못했다. 백일잔치 이후 아침 감사 일기를 쓰기 시작한 지 1달이 지났다. 아침 감사 일기는 모방이지만 호준이의 관점을 분명 넓혀 주고 있었다. 7월이 되면서 호준이의 툭툭 튀어나오는 말과 말투는 여전했지만 예전만큼 뾰족하거나 모난 말들은 아니었다. 곽 선생은 호준이의 아침 감사 일기장이 궁금해졌다. 아침 감사 일기 모둠통에 담겨 있는 호준이의 일기장을 꺼내어 펼쳤다.

"어제 친구들과 웃으면서 축구를 했습니다. 고맙습니다. 감사합니다. 이런 날이 계속되면 좋겠다."

감사 일기는 단순히 적는 것이 아니라 아이들의 마음속에서 긍정의 싹을 틔우는 도구라는 것을 곽 선생은 어렴풋이 이해하기 시작했다. 호준이의 변화는 곽 선생의 반으로 전학 올 때부터 시작된 기적이었다.

여름방학
과제

"곽 선생님. 여름방학 계획서…."

오 선생의 목소리에 곽 선생은 흠칫 놀랐다. 호준이 생각을 하고 있었던 터라 오 선생이 노크하는 소리도 듣지 못했다.

"무슨 생각을 그리 깊이 하세요? 저랑 4학년 여름방학 계획서 초안 만들기로 하셨잖아요."

"어서 오세요. 안 그래도 여름방학 과제에 대해서 생각하고 있었어요."

"여름방학에 주의할 점은 교무선생님이 주신 학교 본 계획을 그대로 활용하면 되고요. 여름방학 과제만 선정해 주면 될 것 같아요. 학생들이 편하게 할 수 있는 그림 그리기나 만들기, 또는 책읽기, 2

학기 수업과 관련한 조사는 어떨까요?"

'학생들은 과제가 없는 것이 좋다고 할 텐데….' 곽 선생은 혼잣말로 중얼거렸다. 곽 선생은 초등학교 5학년 때 과도한 과제로 힘들어했던 기억이 선명하다. 그래서인지 어릴 때는 많이 뛰어 놀았으면 좋겠다는 교육철학을 가지고 있었다. 하지만 교사가 되고 나서는 오 선생이 하는 말처럼 일반적으로 통용되는 걸 그냥 따라서 학생들에게 제시해 왔다.

"여름방학 과제는 다양한 방식이면 좋겠어요. 한 달 동안 꾸준히 할 수 있는 것, 일시적으로 해결할 수 있는 것, 학습적인 면, 습관의 형성에 도움이 되는 것, 뭐 이런 걸 학생들에게 알려 주고 각자가 선택할 수 있도록 해서 정하는 것은 어떨까요?"

"오, 좋은데요. '매일 10분 줄넘기 챌린지하기', '매일 책상 정리 챌린지' 이런 것을 과제로 주어도 좋을 것 같아요. 제가 문서로 만들게요. 내일 동 학년 전체회의에서 한 번 더 의논해요."

"오 선생님, 고마워요. 그러면 부탁할게요."

오 선생은 곽 선생 아들 서준이가 아프다는 걸 기억하고 빨리 조퇴하라고 재촉했다. 곽 선생은 배려를 잘해 주는 오 선생이 진심으로 고마웠다. 그녀의 밝음이 좋았다. 조퇴하기 위해 서둘러 교실을 나왔다. 마침 지나가는 5학년 선생님들의 웃음소리가 들려서 인사를 나누었다. 김 선생 손에 들려 있는 QR 코드가 찍혀 있는 학습지가 눈에 들어왔다. '여름방학, 감사 일기, QR 코드'. 학습지의 형태가 특이했다.

"5학년 여름방학 과제?"

"네, 저희 5학년 방학 과제예요. 한 달 동안 지속해서 실천해 올 수 있도록 감사 일기 영상 QR 코드를 30일 분량으로 만들었어요. 곽 선생님께도 드릴까요? 방학 동안 학생들에게 고마워 교실의 에너지를 계속 유지시키는 데 도움이 돼요."

'30일 감사 챌린지'. 방금 오 선생과 주고받던 챌린지가 곽 선생의 머릿속으로 지나갔다.

30일
감사 챌린지

"여름방학 과제?"

곽 선생의 입에서 여름방학이라는 말이 나오자마자 학생들의 즐거운 소리로 교실이 시끄러워졌다.

"애들아. 너희들보다 선생님이 여름방학을 더 기다린단다."

곽 선생이 웃으며 학생들에게 여름방학 과제에 대한 의향을 물어보았다. 대부분의 학생이 과제가 없으면 좋겠다고 답했다.

"과제가 하나도 없는 것과 하나라도 있는 것의 장단점이 있을 것 같아요. 지금부터 토론을 해서 우리가 방학 동안 할 일을 찾아보겠어요."

과제가 너무 없으면 나태해진다, 아니다, 과제가 없어야 자유롭다 등 다양한 생각이 오고갔다.

"여름방학 과제는 선생님이 하나 제시하고 여러분이 하고 싶은 것을 선택해서 선정하려고 해요. 선생님이 제시하는 과제는 바로 '30일 감사 챌린지'예요. 작성 방법은 아침 감사 일기와 비슷해요. QR 코드가 찍힌 영상을 참고해서 하면 됩니다."

곽 선생은 30일 챌린지를 준비하면서 학생들이 귀찮아하면 어쩌지 하는 생각을 했다. 하지만 반응은 긍정적이었다. 학생들은 편안하게 과제를 받아들였다. 그동안 아침 감사 일기가 긍정적으로 자리 잡았다는 것을 의미했다. 곽 선생은 학생들의 반응이 그저 고마웠다.

"고마워요. 이제 개인별로 선정할 과제는 어떤 것들이 있는지 짝과 이야기도 해 보고 공유해서 다양한 활동을 살펴보겠어요. 친구들이 낸 활동 중에서도 선택할 수 있어요."

학생들은 '과제'는 좋지 않아도 '방학'은 즐거운지, 교실은 즐거움으로 가득 찼다. 그리기, 만들기, 박물관 다녀오기, 풀잎 조사하기, 우리 집 쓰레기 배출량 조사하기, 문제집 풀기, 운동하기 등 정말 다양한 의견이 나왔다.

[23] 30일 감사 챌린지

방학은 학업에서 벗어나 몸과 마음을 돌볼 수 있는 소중한 시간이다. 여름 방학 감사 일기 챌린지는 학생들이 스스로 계획하고 실천하며 긍정적인 변화를 경험할 수 있도록 돕는 활동이다. 하루 한 줄이라도 꾸준히 작성하며 자신의 하루를 돌아보고 감사함을 느낄 수 있는 기회를 부여한다. 이를 통해 정서적 성장을 촉진하고 건강한 습관을 기를 수 있다.

1. 해당 주제 감사에 대한 고마움 쓰기

QR 코드로 제시된 주제의 「기적의 감사 일기 100」을 시청하고 자신의 감사 일기 작성하기

2. 일상의 고마움 2가지 쓰기

그날 일어난 일에 대한 고마움을 찾아 쓰기 or 선택 과제(운동, 독서, 그림 등)에 따른 고마움 쓰기

방학이 불편한
호준이

"나는 방학을 안 했으면 좋겠어."

"왜? 방학이 있어야 늦잠도 자고 놀 수 있잖아. 설마 방학 때도 학교에 오고 싶어?"

호준이의 말에 현수가 깜짝 놀라며 물었다. 곽 선생의 귀에 호준이와 현수의 대화가 들렸다. 학생들을 바라보면 대화를 멈출 것 같아서 시선을 돌리지 않고 가만히 귀를 기울였다.

"아… 또 형한테 처맞겠네."

호준이는 낮은 목소리로 내뱉었다. 곽 선생은 호준이의 말이 단순한 농담처럼 들리지 않았다. 한 달에 한두 번 오는 아버지, 맞벌이로 바쁜 어머니, 형과 자주 싸우는데 형이 자주 때리고 엄마는 늘 형

의 편만 든다는 호준이와의 상담이 떠올랐다. 그래서일까? 방학 동
안 형과 함께 보내야 하는 시간 때문에 큰 스트레스를 느끼고 있는
듯했다.

"호준아, 오늘은 비가 와서 점심시간에 축구 못해서 아쉬웠겠다."

방과후수업을 다녀와서 가방을 챙겨 가려는 호준이를 보고 곽 선
생이 말을 걸었다.

"네, 축구를 못해서 심심했어요."

호준이는 도둑이 제 발 저리듯 주눅이 든 목소리로 말했다. 점심
시간에 현수랑 도서실 앞을 뛰어다닌 걸 다른 학생들이 곽 선생에게
알렸다는 걸 호준이도 알고 있었다.

"호준이는 방학과제로 뭘 하기로 했어? 축구 잘하니까 드리블 연
습하기, 패스 연습하기 이런 걸 했을까?"

"아, 축구는 생각 못했어요. 별로 하고 싶은 것 없는데…. 방학과
제 꼭 선택해야 해요? 선생님이 내어 주신 것만 하면 안 되나요?"

"그러면 호준이에게만 쉽게 할 수 있는 방법 알려 줄까? 대신 다
른 친구들에게 비밀로 해야 하는데…."

곽 선생은 웃으면서 새끼손가락을 내밀었다. 호준이가 부끄러워
하면서 새끼손가락을 걸어 약속했다. 곽 선생은 호준이에게 '나에
대한 감사 일기 챌린지'를 알려 주었다. 감사 일기 챌린지를 하면서
매일 자신에게 고마운 것을 찾아 적으라고 했다. '축구를 열심히 할
수 있게 해 준 내 두 다리에게 고맙습니다. 감사합니다.' 예시까지
알려 주었다.

"좋아요. 선생님이 내어 주신 과제를 하면서 3가지 중에 하나를 저에게 감사하기를 적으면 되겠네요. 저는 이걸로 해야겠어요."

어느새 곽 선생에게 마음을 열었는지 호준이는 미소를 짓고 있었다. 하지만 호준이가 떠난 뒤 곽 선생의 마음은 복잡했다.

'호준이에게 방학은 고통이었구나. 이 작은 일기로라도 아이가 스스로를 조금 더 소중히 여길 수 있으면 좋겠다. 부디 이번 방학에 감사 일기가 호준이에게 작은 위로가 되기를….'

여름방학
고마워 알림장

　어느새 여름방학이 2주가 지났다. 여름방학 시간은 유달리 짧게 느껴졌다. 아쉬웠다. 학부모님께 학생들이 안전하고 행복하게 지내고 있는지, 또 남은 기간 동안 안전을 당부하기 위해 고마워 알림장을 써서 학급 게시로 올렸다. 곽 선생은 답글을 기대하고 올린 알림장이 아니었다. 그러나 '감사하다. 덕분에 잘 지내고 있다.'를 남겨 주시는 학부모님들 덕분에 기분이 좋았다. 고마워 에너지를 주고받을 수 있다는 것은 기분 좋은 일이다.

　"민지의 방학과제인 '감사 일기 챌린지'를 온 가족이 함께하고 있습니다. 민지가 학교에서 배운 고마워 교실 덕분이에요. 덕분에 많은 걸 느꼈어요. 선생님, 고맙습니다."

'우와! 가족이 함께 감사 일기를?'

곽 선생이 알림장에 '가족 감사 일기'를 써 보시라고 권유의 글을 넣기는 했지만 누군가가 하고 있을 거라고는 생각하지 않았다. 가족이 함께 쓰는 감사 일기. 민지 가족의 따뜻함이 느껴졌다. 곽 선생도 방학 동안 감사 일기를 써 보려고 했지만 3일 쓰고 멈추었다. 정말 딱 작심삼일이었다. 챌린지를 가족과 함께했다면 민지는 한 달 내내 쓰겠다는 생각이 들었다. 민지 어머니의 답글에 다른 학부모들의 답글이 달리기 시작했다.

'민지네 가족 감사 일기 멋지네요. 저희 집에서도 해 봐야겠어요.'

'좋은 아이디어 고맙습니다.'

자녀 교육에 관심 있는 부모들의 공감 어린 답글들이었다. 곽 선생은 아이러니하게도 자신보다 아들 서준이를 생각해서 감사 일기를 다시 써야겠다는 결심을 했다.

[24] 여름방학 고마워 알림장

학부모님께

안녕하세요? 여름방학이 한창인 지금, 학부모님과 아이들 모두 건강하고 즐거운 시간을 보내고 계신지 궁금합니다. 늘 따뜻한 마음으로 아이들을 보살피며 성장의 길을 함께해 주시는 학부모님께 감사드립니다.

방학은 쉼과 성장을 동시에 누릴 수 있는 시간입니다. 여름방학 과제로 '30일 감사 챌린지'를 제시했습니다. 작은 순간에도 감사함을 찾는 습관은 아이들의 긍정적 마음과 자존감을 키워 주는 활동입니다. 학생들이 중단했다면 하지 않은 것을 나무라시기보다 다시 시작할 수 있는 격려와 지지를 부탁드리겠습니다.

가족이 함께 일상의 '고마움'을 찾고 대화해 보는 시간을 가져 보시면 어떨까요? 가족이 다 함께 감사 일기를 쓰고 감사한 순간을 기록하고 나누는 시간은 가족 간에 소중한 추억을 만들어 줄 겁니다. 남은 방학기간 동안 안전하고 행복한 일상이 될 수 있도록 부탁드립니다. 항상 사랑과 관심으로 아이들을 키워 주시는 학부모님께 감사드리며 행복한 시간으로 가득 채워지시길 바랍니다. 고맙습니다. 감사합니다.

– 담임교사 곽○○ 드림

가족 감사 일기 쓸 때
주의점

곽 선생은 민지 어머니께 개인 채팅을 보냈다.

"민지 어머님의 답글 고마워요. 덕분에 우리 반 알림장 게시창이 따뜻해졌어요."

"어머, 선생님! 개인 채팅까지 보내주시고, 고마워요."

"민지가 가정에서도 그렇게 실천하다니! 제가 학교에서 아이들에게 기르친 긴 씨앗을 심는 일일 뿐이었는데, 가정에서 함께하시다니 정말 감동적입니다."

"제가 먼저 감사 인사를 드렸어야 했는데…. 지난 5월 어버이날에 민지가 와서 저를 가만히 안고 '고맙습니다'라고 말하더라고요. 그때 제가 민지 행동이 낯간지러워서 '뭐가 고마운데?'라고 말했거든요. 그런데 그때 민지의 대답에 제가 너무 감동해서 눈물이 다 나더라고요."

"엄마라서 고맙지. 뭘 해 줘서 고마운 게 아니고, 뭘 잘해야 고마운 게 아니고, 엄마 자체로 고마운 거야. 우리 반은 고마워 교실인데, 그냥 우리 반이라서 고마워라고 말해. 그래서 친구가 뭘 해 줘서 고마운 게 아니라 함께 살아가고 함께 배우는 존재이기에 고마운 거라고 말해!"

"와! 우리 민지 멋져요. 정말 감동이네요. 이렇게 말씀해 주셔서 고맙습니다. 2학기에는 더 열심히 고마워 교실을 운영해야겠어요."

"선생님, 제가 더 많이 감사드려요. 민지가 좀 예민하기도 하고, 또 지난 6월에 있었던 현수와 호준이 일로 제 감정만 앞서서 선생님께 좀 무례하지 않았나 싶어요. 5월의 감동은 전해 드리지도 못하고 자식 말만 듣고 약간 흥분하기도 했거든요. 그런데 그날 선생님과 상담하고 오면서 부모로서의 역할이 무엇인지 고민도 했어요."

"민지 어머니와 개인 채팅하길 정말 잘한 것 같아요. 덕분에 이런 감사 인사도 받고 제가 몸 둘 바를 모르겠어요. 감사합니다."

"감사라는 건 단순히 예의 바른 말습관이 아니라 사람의 마음을 성장시키는 힘이 있다고 믿어요. 민지가 고마워 교실에서 정말 많이 성장했어요. 선생님, 감사드려요."

곽 선생은 학교 자료방에서 가족 감사 일기를 쓸 때 주의할 점을 찾아 안내해 드렸다. 민지 어머니는 곽 선생의 자녀 교육에 대한 세세한 안내에 감사함을 표하며 채팅을 마무리했다. 곽 선생은 칭찬받아 기뻐서 어쩔 줄 모르는 아이처럼 마음이 들떴다. 학부모와 이렇게 따뜻함을 주고받을 수 있다니, 교사로서 자부심이라는 게 이런 것일까 하는 생각에 잠겼다.

곽 선생은 양 수석에게도 고마움을 표현해야겠다는 생각이 들었다. 방학 중에 고마워 알림장을 쓴 것도, 방학 감사 일기도, 민지 어머니와의 대화도 말하고 싶어졌다. 곽 선생은 기쁨에 들뜬 마음을 가라앉히며 양 수석에게 문자를 보냈다.

"수석님, 방학 건강하게 잘 지내고 계시나요?"

★ 가정 실천 가이드 ★

[★7] 가족 감사 일기 작성 방법 및 주의점

가족이 함께 감사한 일을 기록하고 공유하는 과정은 서로를 더 깊이 이해하고 존중하는 계기가 된다. 감사 일기를 통해 가족 구성원 모두가 서로의 존재를 소중히 여기고, 따뜻한 대화를 나누며 가정 내 관계를 더욱 돈독히 하자. 작은 감사가 모이면 큰 행복이 된다.

1. 강요하거나 비교하지 않기

감사 일기는 자발성이 핵심이다. 가족 모두가 사연스럽게 참여할 수 있도록 격려하되 강요하지 않도록 주의해야 한다. 다른 사람의 감사 내용을 평가하거나 비교하는 것도 피하며, 각자의 진심을 존중한다.

2. 부정적인 감정 무시하지 않기

감사 일기는 꼭 좋은 일만 적는 것이 아니다. 힘들고 지친 날의 솔직한 마음도 기록하며, 그 속에서 배울 점을 발견하는 시간을 가진다. 어려운 상황에서도 감사할 작은 일들을 찾는 습관은 더 큰 긍정의 힘을 키워 준다.

3. 공유할 것과 공유하지 말아야 할 것 구분하기
자녀도 일상 중 공유하고 싶지 않고, 부모도 공유하고 싶지 않은 부분이 분명히 있다. 이런 부분은 자신만의 개인 일기장에 기록하기로 하고 공유해도 좋을 것만 나눔을 한다.

4. 가짜 감정 및 타인 인식 주의하기
함께 일기를 나누고 읽다 보면 상대의 입장을 생각해서 글을 쓰거나, 상대가 알아줬으면 하는 내용을 작성해서 글을 쓰기도 한다. 타인이 읽을 것을 전제로 하는 경우가 있는데, 가족 감사 일기에서 가장 경계해야 할 부분이다. 가족들이 함께 이 부분에 대해서 이야기를 자주 나누어야 한다.

5. 정기적으로 실천하기
꾸준함이 가장 중요하다. 하루에 한 줄이라도 감사 일기를 작성하는 습관을 들이면 일상 속 행복을 더 많이 발견할 수 있다.

고마워 에너지
주고받기

"어머나, 곽 선생님, 반가워요. 방학 잘 보내고 계시죠? "

양 수석에게서 바로 답이 왔다. 안부를 주고받으며 곽 선생은 양 수석에게 감사함을 표현했다.

곽 선생은 방학 중에 보낸 고마워 알림장 게시글에 달린 학부모들의 주고받는 '고마워' 덕분에 만들어진 긍정 에너지를 느끼며 '고마워 에너지'가 어떻게 만들어지는지 새삼 생각하게 되었다.

"에너지는 주고받을 때 그 값이 커지는 것이지요. 그것이 부정이든 긍정이든 마찬가지예요. "

부정이든 긍정이든 주고받을 때 에너지가 커진다는 건 확실하다. 곽 선생은 남편과 의견 충돌로 화를 내고 그것을 주고받다 보면 부정의 에너지가 커지는 것이 불편했다. 그런데 '고마워 샤워'를 학교에서 하다 보니 남편과 서준이에게도 하게 되었고, 긍정적인 말을 하니 가정에서도 부정적 에너지가 조금은 줄었다는 걸 느끼고 있었다. 곽 선생만이 아니라 곽 선생의 남편도 느끼고 있었다.

곽 선생은 수첩을 펼쳤다. 지난 1학기 동안 전학공에서 선생님들과 주고받은 내용들, 연수에서 배운 내용들이 빼곡하게 적혀 있었다. 수첩을 넘기다가 메모한 부분에 곽 선생의 시선이 고정되었다.

- 고마워 에너지는 주고받을 때 더 커진다.
- 고마워 에너지는 먼저 주려고 노력할 때 더 커진다.
- 존재에 대한 환대, 고마움을 담을 때 긍정의 에너지가 커지고 힘이 세진다.
- 우리는 이미 세상에서 받고 있는 게 너무 많다. 그걸 먼저 인식해야 한다.
- 받은 걸 인식하지 못하니 당연하다고 여기고 욕심을 부린다.
- 세상에는 당연한 것이 없다. 세상이 우리에게 준 것을 먼저 알아야 한다.
- 우리 교실도 고마움을 담은 말과 행동을 먼저 주는 연습을 통해서 세상과 주고받는 조화를 만들어야 한다.
- 고마움을 받고 있는 순간순간을 인식하자.

곽 선생은 여기까지 읽고 호흡을 가다듬었다. 지난 1학기 동안 전혀 다른 세상을 살아온 기분이었다. 학교, 교실이라는 공간도 같았고, 교사·학생이라는 존재하는 사람도 같았다. 그런데 무엇이 달랐을까? 최첨단 시설로 바뀐 것도 아니었다. 분명 똑같은 형태의 공간이었다. '고마워 교실'을 적용하고 '질문 수업'을 완전히 안 것은 아니지만 수업 방법을 바꾸면서 지금까지의 교실 공간과 다른 곳이 되었다.

"아, 나의 세계가 달라졌구나! 그래서 교실 혁명이라고 했구나."

곽 선생의 눈빛이 빛났다. '나는 다른 이들에게 고마움을 잘 전하고 있을까?' 교실에서만 아니라 삶의 또 다른 공간에서 '고마워 에너지'를 어떻게 채우고 있는지 생각해 보았다. 동 학년 단톡방을 열어 보니 활기차게 고마움의 에너지를 주고받고 있었다. 어제도 서로의 안부를 주고받았다. 곽 선생은 올해 동 학년 선생님에 대한 고마움의 마음이 밀려왔다.

문득 어제 김 선생이 올린 업무 안내문이 떠올랐다. 학교 단톡방 속에서 교직원들의 에너지는 어떻게 흐르고 있을까? '감사합니다'라고 간단히 답을 한 사람은 오 선생 한 명뿐이었다. 김 선생 글 아래에는 하트가 10개 달려 있었다. 곽 선생은 학교 단톡방에서는 굳이 자신의 의견을 표현하지 않는다. 너무 많은 사람이 들어 있는 업무적 단톡방에서 한 명씩 답글을 쓰다 보면 톡공해가 될 수도 있기 때문이다. 그래서 조용히 가만히 있는 게 예의라고 생각했다.

'과연 이게 예의일까?'

곽 선생은 순간 어제 김 선생의 안내문을 당연하게 받아들였다는 생각에 흠칫했다. 김 선생이 공문을 살펴보고 간략하게 요약해서 선생님들께 톡으로 안내해 준 수고와 고마움을 전혀 느끼지 못했다. 그저 번거로운 일거리 하나 생겼다는 생각을 했다.

'상대에 대한 고마움을 표현하지도 못하면서 고마워를 외치고 있었구나.'

곽 선생은 늦었지만 김 선생이 올린 업무 내용 아래에 마음을 담아 '좋아요' 하트를 꾹 눌렀다. 마음이 따뜻해졌다. 2학기 개학이 기다려졌다. 개학을 설레는 마음으로 기다린다는 것은 곽 선생의 교직 인생에서 처음이었다.

9월

교실 시스템,
긍정학생이 만든다

30일 감사 챌린지가
남긴 것

"안녕하세요, 선생님! 저 숙제 다 했어요."

"정말? 민철이 멋진데! 고마워! 개학하자마자 과제 제출하는 것을 보니 여름방학의 뿌듯함이 느껴지네."

2학기 개학날 교실 문을 열고 들어서는 민철이는 자랑스러운 듯 공책을 흔들었다. 민철이 덕분에 다른 학생들도 하나둘 숙제를 가지고 나오기 시작했다. 곽 선생은 '고마워'를 말하며 학생 한 명 한 명과 눈을 맞추고 미소를 지었다. 다들 키가 한 뼘쯤 큰 것 같았다.

<민철이 일기>

8.5. 맑음 '연결된 고마움 찾기'

날씨가 더워서 수박을 먹었습니다. 수박을 사 오신 아버님께 감사합니다. 수박을 파신 아주머니께 감사합니다. 수박을 키워 주신 농부님께도 감사합니다. 수박을 계속 팔 수 있게 해 주신 분께 감사합니다. 고맙습니다.

학생들의 감사 일기는 감탄과 감동의 연속이었다. 특히 가족과 방학 내내 함께 '30일 감사 일기 챌린지'를 한 민지의 얼굴은 방학 전보다 훨씬 밝아 보였다. '호준이는 방학을 어떻게 보냈을까? 감사 일기 숙제는 잘 해 왔으려나?' 곽 선생이 호준이를 생각하고 있는데 호준이가 교실로 들어왔다.

"호준아, 방학은 잘 보냈어? 우리 호준이가 감사 일기 어떻게 적어 왔는지 궁금하네."

곽 선생의 밝은 목소리에 호준이가 얼떨결에 인사를 했다. 꾸벅 인사를 하는 모습이 밝아 보이지는 않았다. 호준이가 전학 온 지 얼마 되지 않았을 때 곽 선생의 마음이 불안과 불편함이었다면 방학을 시작할 때는 측은지심으로 변해 있었다. 호준이를 대하는 자신의 변화에 곽 선생 자신이 더 놀라고 있었다. 곽 선생은 '우리 호준이'라며 애정 어린 목소리로 말했다.

"선생님, 전 안 되나 봐요. 반도 채 못 썼어요."

호준이가 머뭇거리며 공책을 내밀었다. 호준이의 감사 일기장을 받아든 곽 선생은 좀 더 유심히 호준이의 일기를 살폈다.

'축구를 해 준 튼튼한 내 몸 고맙습니다.'

'맛있는 라면을 먹는 내 입 고맙습니다.'

'친구와 게임을 하고 축구를 할 수 있어서 고맙습니다. 축구공에게도 고맙습니다.'

단순한 한두 줄의 문장만 쓴 날도 있지만 호준이의 말처럼 방학을 시작하고 2주간은 빠짐없이 감사 일기를 쓴 흔적이 보였다. 혹시 빈 공책이면 어떡하지 살짝 걱정했던 곽 선생은 고마운 마음에 밝게 웃었다.

"우와, 고마워! 호준아 멋지다! 2주간이나 썼네!"

호준이의 눈이 동그래졌다. 선생님의 반응에 당황스러웠다. 사실 호준이는 쓰기도 싫었고 QR 코드 영상을 다 보지도 않았다. 그래서 안 했다고 혼 날 줄 알았던 호준이에게 선생님의 반응은 전혀 예상하지 못한 것이었다.

"방학 2주 동안 빠지지 않고 적었구나. 네가 선생님과의 약속을 지키려 한 마음이 느껴진다. 고마워. 시작이 반이라고 하더니 시작을 하니 방학의 반을 썼나 보다. 호준이 이번 방학 성공이다, 성공! 하이파이브하자. 고마워!"

2주 후부터 왜 감사 일기를 쓰지 않았을까? 가정에서의 문제였을지, 지속적 학습 태도가 부족한 것인지 곽 신생은 의문스러웠다. 그 궁금점은 호준이의 마지막 감사 일기에서 어느 정도 해소되었다. 호준이를 자리로 들여보내고 찬찬히 읽었다.

<호준이 일기>

8.9. 비 '부정적 상황에서의 고마움'

친구들과 게임을 하고 있는데 형이 나한테 짜증을 내고 방에서 나
가라고 합니다. 내가 먼저 방에 있었다고 형이 나가라고 나도 소리
칩니다. 형이 나를 발로 차고 때렸습니다. 엄마가 또 형의 말을 잘
들으라고 합니다. 엄마는 무조건 형의 말만 맞다 합니다. 너무 화가
나서 집을 나옵니다. 갑자기 이렇게 억울할 때 고마움을 찾는 방법
을 배웠던 것이 기억에 납니다. 화가 나고 나도 형을 때리고 싶지
만 힘이 부족해서 못 때려서 분하고 눈물도 나고 화가 납니다. 그
런데 형이 나한테 짜증을 왜 내었을까 생각해 보니 게임을 한다고
소리를 크게 하고 있어서라는 걸 알게 되었습니다. 다음부터는 꼭
이어폰을 하고 게임을 해야겠습니다. 오늘 깨달음을 가지게 되어
고맙습니다. 감사합니다.

여름방학 과제로 부여했던 '여름방학 감사 일기 챌린지'는 성공적
이었다. 물론 모든 학생이 매일 작성하지는 않았다. 호준이처럼 2주
정도 쓴 학생도 있고 방학이 다가오자 그냥 막 베껴 온 듯한 학생들
도 있었다. 그래도 3/4 정도의 학생은 분명히 자신의 일상을 돌아보
고 작성해 온 것이었다. 남들에게 보여 주는 게 싫어서 다른 감사 일
기장을 하나 더 만들었다는 학생들도 있었다.

"우리 반 여름방학 과제는 성공이에요. 감사 일기 챌린지가 이렇
게 잘될지 몰랐어요."

곽 선생은 연구실에서 자기도 모르게 들뜬 감정으로 말했다. 오 선생은 그런 곽 선생을 보며 신기하다는 듯이 웃었다. 오 선생 반 학생들이 해 온 과제는 양적인 것만 아니라 질적인 면에서도 곽 선생 반에 비해 월등히 우수했다. 그래도 곽 선생은 모든 학생이 하나의 과제를 다 함께 완수했다는 것이 그저 기뻤다.

호준이의 생일

8월 10일은 호준이의 생일이었다. 호준이는 생일이라 잔뜩 기대에 부풀었다. 그러나 아빠가 갑자기 출장이 생겨 집에 오기 힘들다고 연락이 왔다. 어쩐지 집안 분위기도 무거운 느낌이었다. 그렇지만 생일 축하를 받고 싶은 마음에 호준이는 엄마를 졸랐다.

"엄마, 저 오늘 생일이잖아요. 저 축구화 사 주세요."

"넌 내가 쓰던 거 신으면 되잖아. 굳이 새로 살 필요 없어."

호준이 말이 끝나기도 전에 형이 호준이를 쏘아붙였다.

"맨날 형이 쓴 거 나한테 물려주면서! 나도 새 거 신고 싶다고!"

"뭐가 그렇게 대단하다고 말대답이야! 너 때문에 엄마도 고생하는 거 안 보여?"

호준이 형은 싸증을 내며 호준이의 책가방을 걷어차고 호준이도 주먹으로 쳤다. 형이 때리는 걸 엄마도 보았을 텐데 반응은 차가웠다.

"또 싸운 거야? 형이 괜히 화내겠니? 네가 잘못했으니까 그렇겠지. 에휴, 널 낳고 내가 미역국을 먹었다니…. 형이랑 싸움 좀 그만해라."

엄마의 말에 호준이는 더 이상 말을 할 수 없었다. 형과 싸운 것도 억울했는데, 엄마마저 자신을 이해하지 못한다는 생각에 억울했다. 모든 것이 싫었다. 호준이는 공책을 덮고 방학이 끝날 때까지 다시는 펴지 않았다. 감사라는 단어가 자신과는 너무 멀게 느껴졌다.

'내가 뭘 잘못했는데? 도대체 뭘 감사해야 하는 거야? 나 같은 건 괜히 태어났어.'

스포트라이트
고마워 샤워

9월. 가을은 시작되었으나 한낮의 더위는 한여름이었다. 곽 선생의 여름방학은 고마워 알림장 전과 후로 나뉜다. 특히 민지 어머니와의 대화가 곽 선생의 일상을 바꾸어 놓았다. 남아 있던 여름방학 동안 가정에서도 고마워 샤워로 에너지를 충전하였다. 그 덕분에 곽 선생은 2학기 개학을 편안하게 맞이했다.

"2학기에는 스포트라이트 고마워 샤워를 함께해 볼 기에요. 스포트라이트 고마워 샤워가 뭘까요? 짝과 대화를 나누며 추측해 보세요."

학생들은 짝과 고개를 맞대고 웅성거리기 시작했다. 한쪽에서 들리는 목소리가 흥미로웠다.

"스포트라이트? 무대에 올라가서 춤추는 거 아니야?"

"아니야! 혹시 이번에야말로 샤워하듯이 물로 뿌려 주는 건가?"

"설마 물총 같은 거겠어?"

아이들의 엉뚱한 추측이 이어지자 곽 선생은 웃음을 터뜨렸다.

"다들 정말 창의적이네요! 춤추는 것도 아니고, 물을 뿌리는 것도 아니에요. 스포트라이트 고마워 샤워는….."

설명을 들은 학생들 사이에서 흥미롭다는 반응이 터져 나왔다.

"오, 재밌겠다!"

"저부터 받고 싶어요!"

"그럼 먼저, 스포트라이트를 받을 친구를 정해 볼게요. 혹시 희망하는 친구 있을까요?"

여기저기서 학생들이 기대에 찬 얼굴로 손을 들었다. 현수도 손을 든 모습이 보였다. 학생들은 가위바위보 대결을 통해 스포트라이트 주인공을 정했다. 현수에게 특별한 선물을 주고 싶었던 곽 선생의 마음이 닿았는지 현수가 최종 주인공이 되었다.

"좋아요! 오늘의 스포트라이트 주인공은 현수네요. 모두 현수에게 고마운 점을 떠올려 보세요. 한 명씩 돌아가며 말해 볼게요. 너무 긴장하지 말고 짧게 한 문장으로만 말해도 괜찮아요."

아이들이 한 명씩 손을 들기 시작했다.

먼저 용기 있는 민지가 말했다.

"현수야, 너 요즘은 장난도 적당히 치고 우리한테 웃음 주는 게 참 고마워. 네 덕분에 교실이 더 재밌어졌어!"

현수는 어색한 미소를 지으며 민지에게 '고마워'라고 작은 소리로 답했다. 다음은 조용한 아이로 알려진 소연이가 나섰다.

"현수야, 저번에 내가 지우개 떨어뜨렸을 때 네가 먼저 주워 줬잖아. 그때 정말 고마웠어. 네게 그런 친절한 모습도 있는지 몰랐어."

교실에 잔잔한 웃음이 번졌고, 현수의 얼굴이 조금 더 밝아졌다. '고마워'라고 답하는 소리도 커졌다. 준호, 민철, 은지 등 학생들은 각기 하나씩 현수와 관련된 에피소드와 고마움을 표현했다.

"현수는 가끔 엉뚱하지만 우리가 심심할 틈이 없게 해 주는 게 고마워. 그리고 이번에는 반 청소 열심히 도와줘서 놀랐어."

"현수가 고마워 교실에서 중요한 역할을 하고 있구나. 선생님도 한 가지! 우리 현수가 방학 중에 감사 일기를 정말 열심히 써 왔더라고. 선생님 감동했어. 정말 고마워, 현수야!"

"고마워 교실 친구들, 고맙습니다. 감사합니다. 감사합니다."

현수는 자리에서 살짝 일어나며 장난스럽게 말했다. 학생들은 현수를 향해 박수를 쳤고, 교실은 웃음으로 가득 찼다.

"현수, 정말 고맙고 앞으로도 우리들에게 좋은 에너지를 나눠줘!"

곽 선생의 따뜻한 말과 함께 학생들은 다시 한 번 박수를 보냈다. 현수는 쑥스러운 듯하면서도 좋은지 볼이 발그스레해졌다. 뒷자리에서 조용히 앉아 있던 호준이가 의미심장한 표정으로 고개를 숙인 채 공책에 무언가를 적고 있었다. 현수가 돌아서서 호준이를 바라보며 장난스럽게 말했다.

"호준아, 다음에는 네가 스포트라이트 고마워 샤워 받아! 진짜 기분 좋아."

"나? 글쎄. 난 그런 거 안 좋아해."

호준이는 고개를 휙 들고 짧게 대답했다. 다음 스포트라이트 받을 사람을 현수가 정했다. 민지를 선택했다. 자신의 고마운 점을 제일 먼저 용기 있게 말해 준 것이 고마웠기 때문이었다. 호준이는 말없이 손가락으로 공책 모서리를 조물거리며 현수의 시선도, 곽 선생의 시선도 피했다. 점심시간에 다들 운동장에서 신나게 뛰어놀고 있었지만, 호준이는 구석에 앉아 손에 돌멩이를 굴리며 멀리서 친구들을 바라보고 있었다.

"호준아! 같이 축구하자!"

멀리서 현수가 손을 흔들며 소리쳤다. 하지만 호준이는 고개를 가로저으며 대답하지 않았다. 그런데 수업을 마치고 청소시간에 호준이는 갑자기 현수의 책상 위 연필을 휙 집어 들며 말했다.

"야, 현수. 이거 네 거 맞아? 왜 이렇게 험하게 썼냐? 너처럼."

현수는 잠시 멈칫했지만, 곧 장난스럽게 받아쳤다.

"야, 이제 나 착한 현수야. 오늘 스포트라이트를 받은 몸이라고…. 그런 말에도 화 안 내."

호준이는 아무 말 없이 연필을 제자리에 놓고 교실 밖으로 나가 버렸다. 모두가 하교한 후 호준이는 교실에 홀로 남아 무언가를 들여다보고 있었다. 창문 너머로 비치는 빛 속에서 호준이의 손에 쥐어진 물건이 살짝 반짝였다. 그것은 은색 손거울이었다. 어릴 적에 자신을 돌봐 주시던 할머니가 준 선물로 언제나 호준이의 주머니 속에 들어 있었다.

[25] 스포트라이트 고마워 샤워

스포트라이트 고마워 샤워 활동은 한 학생에게 스포트라이트를 비추듯 학급의 모든 학생이 고마워 샤워를 해 주는 활동이다. 이 활동을 통해 친구의 행동과 성격을 관찰하며 공감 능력을 기를 수 있다. 주인공이 된 학생은 자신의 장점과 고마운 점을 듣고 자존감을 높일 수 있으며, 학생에게 긍정적인 자아상을 형성하는 데 도움을 준다.

활동 방법

1. 주인공 정하기

2. 고마운 점 나누기

주인공을 중심에 두고, 모든 친구가 돌아가며 주인공에게 고마운 점을 한 가지씩 이야기하기. 주인공은 각 친구의 이야기를 듣고, '고맙다'고 답하기

3. 다음 주인공 정하고 관찰과제 안내

다음 주인공으로 정해진 친구를 하루 동안 관찰하며, 그 친구의 고마운 점을 찾아 간단히 준비하기

주의점

활동에서 특정 학생에게 편중되지 않도록 모든 학생이 고르게 참여하도록 한다. (예 : 남녀 학생이 번갈아 기며 지목 등) 교사가 모델링으로 고마운 점을 예시로 제시하여 학생들이 작은 행동에서도 긍정적인 면을 발견하도록 돕는다. 참여를 강요하지 않고 자유롭게 의견을 말할 수 있는 분위기를 조성한다.

현수와 호군의
싸움

열린 창문으로 교실에 들어오는 가을바람이 상쾌하고 좋았다. 곽 선생은 행복하게 열심히 그림을 그리는 학생들의 모습이 보기 좋았다. 곽 선생 반의 몇몇 학생은 점심시간에 모여서 그림을 그리고 품평회도 한다. 이러한 모습은 다른 학생들의 그리기 활동에도 긍정적 영향을 주었다. 덕분에 미술시간 몰입도가 좋았다.

"우와, 쉬는 시간도 없이 모두가 그림을 그리고 있네. 다들 예술가구나!"

지나가던 양 수석이 반 학생들에게 칭찬을 했다. 학생들은 웃으며 동의를 했다. 곽 선생도 웃으면서 복도로 나왔다.

"수석님, 하실 말씀이라도 있으세요?"

"지나가다 보니 학생들이 몰입하는 것이 멋져서 그냥 쳐다본 것이에요. 하하하."

양 수석과 곽 선생은 2학기 고마워 교실 운영에 대해서 웃으면서 대화를 했다. 그런데 갑자기 학생들이 소리를 질러서 쳐다보니 현수와 호준이가 서로 엉켜서 싸우고 있었다.

"아니, 다들 조용히 그림을 그리다가 이게 무슨 일이지?"

"둘 다 멈춰!"

현수와 호준이는 서로의 머리채와 옷을 잡고 놓지 않았다. 어찌나 힘이 좋은지 양 수석과 곽 선생이 한 명씩 잡고 겨우 둘을 떼어 내었다. 몸은 떨어졌지만 여전히 서로를 향해 불만 가득한 눈빛을 보내고 있었다. 현수와 호준이 둘 다 헐떡이며 자신의 자리에 앉았지만 여전히 분노가 가라앉지 않은 표정이었다.

순식간에 벌어진 상황에 곽 선생은 당황스러웠다. 더군다나 현수만큼은 아니지만 호준이도 조금은 변했다고 생각했기에 더욱 속상했다. 한 고개를 넘으면 또 다른 고개가 기다리는 기분이었다. 이 상황을 어떻게 해결해야 할지 난감했다. 무엇보다 이제 6교시를 시작해야 하고 나머지 학생이 그 상황을 지켜보고 있었다.

"현수와 호준이는 자신의 자리에서 잠시 엎드려서 눈 감고 있으세요. 그리고 마음이 진정되면 그때 일어나세요. 잠을 자도 괜찮으니까 눈을 꼭 감고 편안하게 엎드려 있으세요."

곽 선생이 잠시 당황한 사이에 양 수석이 학생들을 진정시키고 있었다.

"곽 선생님, 6교시는 저도 함께 있을게요. 수업 마치고 두 학생 상담하시죠."

고마워 교실 덕분에 학급이 잘 운영된다고 말한 지 1분도 채 되지 않아서 이런 사건이 일어났다. 곽 선생은 양 수석에게 자신의 부족함을 보여 주는 것 같아 부끄러웠다.

"선생님, 저희가 치우고 있을게요. 저희는 고마워 교실 서포터즈[27]잖아요."

민지와 지현이가 걸레를 들고 다가와 바닥의 물을 닦기 시작했다. 다른 학생들은 물건들을 제자리에 정리해 주었다.

"고마워!"

엎드려 있는 현수와 호준에게 양 수석이 다가가 뭐라고 속삭였다. '양 수석님은 아이들에게 뭐라고 말씀하신 걸까?' 곽 선생은 궁금했다. 조금 지나니 현수와 호준이가 일어나서 그림을 다시 그리기 시작했다. 곽 선생은 마음속에 불편함이 남아 있었지만 교실은 평소처럼 평화로웠다. 현수와 호준이의 싸움에 다른 학생들이 동요하고 있지 않다는 걸 느꼈다. 게다가 민지와 지현이는 고마워 서포터즈라고 교실 정리에 힘을 더 쓰고 있었다.

현수와 호준의 싸움

학생들은 자신만의 그림을 그리며 색연필과 물감을 사용하고 있었다. 하지만 호준이는 그림을 그리던 중 손에 쥔 연필을 힘주어 부러뜨렸다.

"호준아, 무슨 일이니? 왜 그렇게 연필을 부러뜨리니?"

현수가 놀라서 호준이에게 말했다. 하지만 그 순간, 호준이가 갑자기 자리에서 벌떡 일어나 소리쳤다.

"아니, 네가 앞에서 계속 짜증나게 하잖아."

학생들은 깜짝 놀라 눈을 크게 뜨고 호준이를 바라보았다. 그 순간, 호준이는 앞자리에 놓여 있던 현수의 물통을 휙 집어 들고는 교실 바닥에 물을 쏟아부었다. 현수가 자리에서 벌떡 일어나 소리쳤다.

"호준아, 뭐 하는 거야!"

"너야말로 뭐냐고! 잘난 척하지 마! 네가 무슨 대단한 척하는 게 더 짜증난다고!"

호준이의 목소리는 격앙되어 있었다. 현수도 흥분하며 한 발짝 다가섰다.

"대단한 척? 내가 너한테 뭐 잘못했다고 그래? 너 혼자 이상하게 구는 거잖아!"

"다들 나를 무시하잖아! 아무리 노력해도 다 나만 이상하다고 보잖아! 너희들은 전학 오는 날부터 그랬어."

호준이는 더 이상 참지 못하고 현수의 책상을 밀어 버렸다. 현수의 연필과 공책이 바닥에 떨어지며 큰 소리를 냈다. 순간 호준이의 주머니에서 거울이 빠져나와 바닥에 떨어지며 산산조각이 났다. 호준이는 욕을 내뱉었다. 현수는 그걸 보고 더 흥분해서 호준이의 머리채를 잡았다. 둘은 서로 머리채와 옷을 붙잡고 으르렁거렸다.

갈등해결사
까바놀이

곽 선생은 수업을 마치고 현수와 호준이를 남겼다. 양 수석이 싸움의 원인을 살펴보겠다고 했다. 곽 선생은 2가지 마음이 교차했다. 담임인 자신이 당연히 상담해야 한다는 마음과 양 수석은 어떻게 상담하는지 궁금한 마음이 공존했다. 양 수석은 문제가 발생한 사안만 까바놀이로 학생들의 이야기를 들어 보겠다고 했다.

"호준아, 현수야! 수업 시간에 까바놀이 많이 해 보았지? 이 상황을 까바놀이로 해 볼 거야. 해 볼 수 있겠지?

양 수석의 말에 두 아이가 고개를 끄덕였다. 현수가 먼저 하겠다고 했다.

"고마워 현수야! 이런 까바놀이에서는 자신의 이름과 상대방의 이름을 넣어서 말하는 거 알고 있지?"

양 수석은 까바놀이할 때 단문장으로 대화하도록 주의하고 꼭 이름을 넣어서 대화할 것을 강조했다. 그 모습을 곽 선생은 조용히 바라보고 있었다.

<두 아이의 까바놀이>

현수 : 호준이가 현수의 물통을 일부러 쏟았습니다.

호준 : 호준이가 현수의 물통을 일부러 쏟았습니까? 현수가 먼저
　　　시비를 걸었습니다.

현수 : 현수가 먼저 시비를 걸었습니까? 현수는 호준이가 연필을
　　　부러뜨리는 걸 보고 걱정이 되어서 물어보았습니다.

호준 : 현수는 호준이가 연필을 부러뜨리는 걸 보고 걱정이 되어서
　　　물어보았습니까? 그런데 호준이는 현수가 비웃는 것처럼 들
　　　렸습니다.

현수 : 호준이는 현수가 비웃는 것처럼 들렸습니까? 현수는 그런
　　　생각이 없었습니다.

호준 : 현수는 그런 생각이 없었습니까? 호준이는 실수로 연필이
　　　부러진 건데 꼭 일부러 한 것처럼 현수가 말해서 억울했습
　　　니다.

현수 : 호준이는 실수로 연필이 부러진 건데 꼭 일부러 한 것처럼
　　　현수가 말해서 억울했습니까? 호준이가 욕을 해서 현수는
　　　열받았습니다.

호준 : 호준이가 욕을 해서 현수는 열받았습니까? 호준이가 그때
　　　욕을 한 것은 할머니가 주신 거울이 깨져서 화가 났기 때문
　　　입니다.
현수 : 호준이가 그때 욕을 한 것은 할머니가 주신 거울이 깨져서
　　　화가 났기 때문입니까?

할머니 거울을 말하는 호준이의 목소리는 울먹임으로 바뀌었다.
현수가 갑자기 까바놀이를 멈췄다. 머뭇거리던 현수가 조심스레 말
했다.

"선생님, 그만해도 될 것 같아요. 전 호준이가 걱정돼서 한 말이
었는데 호준이가 제 말을 오해한 것 같아요."

양 수석은 현수의 말을 듣고 호준이에게 의향을 물었다.

"호준아, 너도 그만해도 되겠니? 계속할까?"

"저도 그만해도 돼요. 너무 화가 나서 물통을 쏟았어요. 현수가
그런 의도가 아니었다면 미안해요."

"호준아, 나도 너 기분 생각 안 하고 말해서 미안해. 그리고 지난
번에 할머니께서 주신 거울이라고 호준이 네가 소중하게 생각했는
데 속상하겠다."

"괜찮아."

양 수석은 두 아이에게 악수를 권했다. 다른 말은 필요 없었다.
두 아이의 상황도 알게 되었고, 두 아이 모두 감정이 전해졌고, 서로
를 이해했다.

"호준아, 현수야. 정말 고마워. 상대의 마음을 이해하고 사과하는 용기를 보여 준 너희 둘 다 참 큰 사람이야."

곽 선생의 격려에 호준이와 현수는 편안해진 얼굴로 꾸벅 인사를 하고 집으로 돌아갔다. 마음이 한결 가벼워진 곽 선생은 양 수석을 보고 미소 지었다. 수업 시간에만 사용하는 줄 알았던 까바놀이의 효과를 이렇게 체험하다니 양 수석에게 상담을 맡기길 잘했다는 생각을 했다.

"수석님, 정말 감사해요. 저라면 이렇게 효과적으로 할 수 없었을 거예요."

"현수와 호준이의 문제 상황을 까바놀이로 파악할 수 있었던 것은 곽 선생님이 그간 수업 시간에 많이 활용해 주신 덕분이죠. 그래서 두 학생이 자연스럽게 할 수 있었지요. 제가 한 것은 까바놀이 해 봐라 한 것뿐이잖아요. 하하하."

"까바놀이는 갈등을 성장과 화해의 기회로 바꾸는 강력한 도구네요."

곽 선생은 까바놀이에 대해 극찬했다. 교사의 개입은 전혀 없었다. 두 아이가 문제를 스스로 해결했다. 곽 선생은 지혜와 지윤이를 떠올랐다. 그때 이런 방법을 알았디라면 이땠을까? 걸 해결할 수 있었을까? 잠시 옛 기억 속으로 다녀온 곽 선생이 양 수석에게 물었다.

"아! 엎드려 있던 현수와 호준이에게 무슨 말씀을 하셨어요?"

"하하, 그거요? 그냥 마음이 가라앉으면 편안하게 일어나서 수업 하라고 했어요. 아이들이 엎드려 있으면 언제 일어나야 할지 시점을 찾지 못하거든요. 민망하잖아요. 그래서 그냥 한마디 해 준 거예요."

곽 선생은 머리를 한 대 맞은 기분이었다. 양 수석의 한마디는 학생들 마음에 대한 세심한 배려였고 애정이었다.

'그래서 아이들이 까바놀이를 편안하게 했구나!'

[26] 까바놀이로 학생 갈등 상황 해결하기

1. 까바놀이란?

질문놀이의 한 방법인 까바놀이는 '질문으로 바꾸는 놀이'다. 상대의 말을 그대로 따라 하고 끝만 '까'라고 말하면서 질문으로 바꾼다. 상대의 말이 설령 틀렸다고 하더라도 말을 바꿀 수 없다. 오로지 끝만 '까'로 바꾸어야 하기 때문에 상대의 말을 무조건 수용해야 한다. 내가 한 말도 상대가 바꾸지 않는 덕분에 공감받았다고 느낄 수 있다. '까'라는 질문이 가지는 속성은 합리적 의심을 하게 만든다. 상대가 질문으로 바꿀 때 내가 한 행동이 맞는가에 대해 스스로 질문하는 효과도 생긴다.

까바놀이 과정에서 학생들은 상대의 말을 자기 언어로 되풀이하게 되고, 상대의 입장을 이해하고 자신의 감정을 정리할 기회를 얻는다. 단순해 보이지만, 자연스럽게 역지사지의 태도를 배우고 교사의 개입 없이도 학생들이 스스로 갈등을 해결하고 화해로 나아갈 수 있다.

2. 갈등 상황에서의 까바놀이 진행 방법

- 한 번에 한 문장만 말하기
- 상대의 말을 자신의 말로 되풀이하고 마지막에 '까'로 끝내기
- '나, 저, 제가' 등 자신을 지칭하는 표현 대신에 자신의 이름을 넣어 말하기
- 교사는 어떤 내용으로도 개입하지 않기
- 상황에 대한 요약 정리도 교사가 하지 않고 학생들이 할 수 있도록 지도하기

고마워 교실
서포터즈

교실은 깨끗하게 정리되어 있었다. 아무 일도 없었다는 듯이 말 끔했다. 수업을 마칠 때 민지와 지현이에게 미처 고맙다는 표현을 하지 못한 것이 떠올랐다. 다음 날 등교하자마자 곽 선생은 민지와 지현이에게 말했다.

"민지야, 지현아, 어제는 정말 고마웠어. 덕분에 교실이 정말 깔 끔하게 정리되었더라."

둘은 수줍은 미소로 고개를 끄덕였다.

서포터즈 활동은 아이들이 원해서 시작하게 되었다. 1학기 중반 을 넘어 여름 더위가 시작되던 무렵이었다. 야구광인 민철이가 주말 에 야구 관람을 다녀온 이야기를 신나게 하고 있었다. 조용한 지현

이도 야구를 좋아한다며 오늘은 자신이 응원하는 하나팀이 꼭 이겨
야 한다며 재잘거렸다. 한참 야구 이야기를 나누던 민철이가 자신은
이번에 아빠와 하나팀 서포터즈에 가입했다며 자랑을 했다.

"서포터즈가 뭐야?"

지현이의 물음에 민철이는 자신이 좋아하는 팀을 응원하는 활동
이라고 설명했다. 민철이와 지현이의 이야기를 한참 듣고 있던 민지
가 갑자기 곽 선생을 바라보며 말했다.

"선생님! 저희는 고마워 교실 서포터즈 할게요!"

민지의 이야기에 곽 선생의 얼굴이 밝아졌다.

"좋은데? 고마워 교실 서포터즈. 말만 들어도 행복하다."

"선생님, 저희 진짜 고마워 서포터즈 모집해 보면 어때요? 제가
담당자 할게요."

민철이의 제안에 곽 선생이 잠시 생각하다 질문을 던졌다.

"좋지! 그런데 어떻게 모집하고 운영하지?"

곽 선생의 질문에 민지는 자신이 모집 포스터를 만들겠다고 했
고, 민철이는 서포터즈 모임을 1주일에 한 번 열어서 어떤 활동을 할
지 회의를 하겠다고 했다. 지현이도 자기가 제일 먼저 가입하겠다며
들뜬 얼굴로 이야기했다. 고마워 교실 서포터즈! 예상치 못한 제안
이었지만, 곽 선생은 좋은 아이디어라 생각했다. 그 날을 시작으로
2학기에도 학생들이 자발적으로 운영하고 있었다.

[27] 고마워 교실 서포터즈 : 좋은 학급은 좋은 학생들이 만든다
고마워 교실 서포터즈는 고마워 교실에 대해 긍정적인 학생들이 자발적으로 모여 고마워 교실 문화를 확산시키기 위한 모임이다. 서포터즈 활동의 핵심은 자발성과 주도성이다. 학생들의 의견을 적극 수용하고 정기모임을 통해 학급 내 긍정적 문화가 자리 잡도록 응원한다.

운영 방안(예시)

1. 고마워 챌린지 지원 및 고마워 샤워기(계수기) 관리
서포터즈 학생들이 일별 또는 주별로 고마워 챌린지를 주도하고 고마워 샤워기를 배부하고 정리한다. 일과를 마치기 전에 고마워 챌린저들이 모두 얼마나 '고마워 샤워'를 했는지 확인한 후 함께 축하한다.

2. 아침 감사 일기 활동 지원
아침 활동 시간에 감사 일기 영상을 틀어 주고, 함께 쓰는 것을 독려한다. 독려할 뿐 강제적으로 감사 일기를 쓰도록 하는 것은 아니다.

3. 고마워 교실 이벤트 기획
서포터즈 모임을 통해 고마워 교실에 필요한 이벤트를 기획한다. 고마워 릴레이, 고마워 스포트라이트 샤워, 협동놀이 등 다양한 활동을 제안하고 학급 분위기를 긍정적으로 이끈다.

4. 모집 시기
학생들이 고마워 교실에 어느 정도 익숙해지고 열심히 하고자 하는 마음이 생길 때 고마워 서포터즈를 모집하면 좋다. 서포터즈 활동으로 새로움이 생기기 때문이다.

5. 기타
감사 일기장, 스티커 등의 굿즈를 제공할 수 있다.

고마워
챌린지

"곽 선생님, 오늘 전학공은 티타임이 있는 즐거운 시간이니 꼭 참여하세요."

메시지창에서 김 선생의 목소리가 들리는 것 같았다. 전학공은 한 달에 격주로 두 번의 모임이 있다. 곽 선생은 개학하고는 한 번도 참여하지 못한 채 한 달이 흘렀다. 업무량도 많았고 서준이 육아로 인해서 조기 되근을 했다.

이 모든 것이 핑계일 수 있다. 2학기 시작하고 호준이와 현수의 싸움이 있었지만 금방 해결되었다. 아침 활동도, 수업도 잘 이루어지고 있었고 학생들의 갈등도 없어 보였다. 그래서인지 곽 선생은 학급 운영에 에너지를 소모하지 않게 되었다. 그래서 전학공 참여에 대한 열정이 사그라진 것이다. 곽 선생은 오늘도 참여하지 않겠다고 마음먹었지만 모니터를 쳐다보다가 무거운 엉덩이를 일으켰다.

"곽 선생님, 어서 오세요. 디카페인 팀의 차는 내용물을 모르게 해 두었어요. 복불복 게임입니다. 골라 보세요."

전학공 선생님들의 밝은 인사에 덩달아 기분이 좋아졌다. 2주간 교실에서 실천한 사례 중심으로 이야기를 나누다가 핵심적인 철학을 다루어야 할 부분이 생기면 양 수석이 간단하게 안내를 해 주었다.

"저는 까바놀이로 학생들의 갈등을 해결하는 것을 해 보았어요. 교사의 개입이 없다는 점이…."

곽 선생은 호준이와 현수의 사례를 자세하게 이야기했다. 더 놀라운 건 참여하신 선생님들의 고개 끄덕임이었다. 다들 해 보신 것이다.

"저희 반 아이들은 이미 익숙해져서 다툼이 일어나면 자발적 까바놀이를 해서 상황을 확인하고 있다니까요. 얼마나 귀엽고 사랑스러운지…."

김 선생의 말에 곽 선생은 생각지 못한 아쉬움의 탄식이 나왔다. 진작 알았으면 좋았을걸. 하지만 양 수석이 분명히 말했다. 까바놀이는 수업에서의 활용이 먼저라고 했다.

'지금이라도 배웠으니 좋아!'

김 선생은 오늘 자신의 반에서 '팀별 고마워 챌린지'를 통해 웃음보따리가 만들어진 사례를 공유해 주었다. 5명이 한 팀이 되어서 챌린지하기. 준비할 것도 없었고 학생들에게 미션만 제시하면 되니 초

간단이다. 곽 선생 반에 지금 딱 필요한 활동이라는 생각을 했다. 전학공에 참여하길 잘했다.

"역시 참여가 답이네."

다음 날 아침, 곽 선생은 반 아이들을 모아 특별한 미션을 했다.

"오늘은 우리 반이 더 긍정적으로 하나가 될 수 있는 특별한 미션을 준비했어요! 손가락 계수기를 활용한 '고마워 챌린지'입니다. 어떤 미션일까요?"

"손가락 계수기는 '고마워'나 '우리 반 긍정의 말'을 사용할 때 누르는 거잖아요."

"선생님, 우리 반 모두 도전하는 것을 합하는 것일까요?"

"오! 좋은 생각이에요. 우리 반 모두! 선생님이 생각해 온 미션보다 더 좋아요."

곽 선생은 어제 전학공 사례에서 배운 고마워 챌린지는 팀별 도전이었다. 그런데 학생들의 의견을 받아 반 전체 도전까지 해야겠다고 생각을 바꾸었다. 화수목금 4일 동안 운영하기로 하고 각 팀 6명으로 구성했다.

"중요한 건 '함께한다'입니다. 오늘 고마워 챌린저는 6명입니다. 희망자 중에서 선발할게요."

"선생님, 6명만 고마워하는 거예요?"

"아니요. 여러분이 매일하는 고마워 샤워 100번은 각자 계속하는 거고요. 오늘 시작하는 고마워 챌린지는 팀 미션이에요. 6명만 팀을 만들어서 우리 반만이 아니라 다른 반 친구들이랑 학교 전체에 다

고마워 샤워를 해 주는 겁니다. 팀 도전 숫자를 정해 주세요.”

학생들이 100번은 시시하다며 1,000번, 10,000번 이상을 해야 한다고 말했다. 첫 번째 팀이 정해지고 1,000번으로 정해졌다. 현수가 고마워 챌린지 첫 번째 팀이 되었다. 현수는 2학기가 되어서는 수업 태도며 생활 태도가 곽 선생이 학년초에는 상상할 수 없었을 정도로 좋아졌고 적극적이었다.

고마워 챌린지 첫 번째 팀은 학급 내 수업 시간만이 아니라 쉬는 시간에 다른 반 학생들에게 ‘고마워’를 말했다. 온 복도에 ‘고마워’, ‘도와줄까?’, ‘괜찮아’, ‘좋아 좋아’, ‘멋지네’ 소리가 울려 퍼졌다.

“얘들아, 오늘 고마워 챌린지 1,000번 성공일까? 실패일까?”

6명이 모두 함께 기록한 숫자는 합이 1,257번. 아이들은 서로 박수를 치며 고마워 챌린지 첫 번째 팀을 축하했다. 곽 선생은 미소를 지으며 덧붙였다.

“이 숫자는 단순한 숫자가 아니야. 이건 우리가 서로를 얼마나 소중히 여기고, 긍정적인 마음을 나누었는지 보여 주는 증거야. 오늘 하루 동안 너희들이 만들어 낸 이 멋진 분위기가 선생님에겐 너무 감사해. 내일도 이 마음을 이어 가 보자!”

수요일팀은 벌써 의지를 다지고 있었다.

[28] 고마워 챌린지 – 단체 미션

처음에는 학생들이 버튼을 누르면 숫자가 올라가는 계수기를 신기해한다. 다 같이 숫자를 올리며 '고마워' 샤워에 열심히 동참한다. 하지만 곧 이탈자가 생긴다. 별로 흥미를 보이지 않거나 지겨워하기도 한다. 그럴 때 한 팀이 되어 도전하는 '우리 반 고마워 챌린지'를 해 보자.

1. **고마워 챌린지 예고** – 하루 동안 팀별 합산 고마워 1,000번 말하기(숫자 조정 가능)
2. **고마워 챌린저 팀원 선발** – 희망자만을 대상으로 선착순 또는 가위바위보(3~5명)
3. **고마워 샤워 개수 체크를 위한 고마워 샤워기(계수기) 배부**
4. **전교생을 대상으로 하루 종일 고마워 샤워 실천**
5. **하교 전에 챌린저들의 고마워 샤워 숫자합을 칠판에 적어 확인, 축하 및 격려**

고마워 챌린지는 소수의 도전으로 희소성을 만들고, 공동 목표를 통해 공동체 의식을 고취하는 활동이다. 고마워 서포터즈를 중심으로 운영할 수 있으며, 하교 전에 도전 결과를 확인하고 함께 축하하는 시간을 가지는 것이 핵심이다. 성취감과 내적 보상이 강조되므로 외적 보상은 필요하지 않지만 꾸준한 실천이 중요하다. 단 한 명으로 시작해도 괜찮으며, 지속적인 활동으로 점차 더 많은 참여를 유도할 수 있다. 고마운 마음이 모일수록 즐겁고 의미 있는 도전으로 이어질 것이다.

10~11월

미덕,
배움을 더하다

오 선생,
지금부터야

곽 선생은 연구실 문을 열고 들어와 평소 그녀답지 않게 호들갑스럽게 말하기 시작했다.

"오 선생님, 우리 반 현수 알죠? 오늘 현수가 조퇴를 했거든요. 감기 때문에 병원 간다고 현수 어머니께서 연락이 왔는데 감사 인사부터 하시는 거 있죠. 하하하. 현수는 1학년 때부터 학교 가는 걸 그렇게 싫어했대요. 그런데 4학년이 되고 교실 이야기, 제 이야기까지 그렇게 한다고 하네요. 현수 어머니의 감사 인사를 들으니 하루 종일 기분이 좋은 거 있죠."

오 선생은 빙그레 웃으며 곽 선생에게 따뜻한 차 한 잔을 권했다. 쌀쌀해진 날씨에 딱 어울리는 국화차였다.

"정말요? 선생님 반 현수? 진짜 놀라운데요? 현수 작년 담임선생님이 제 친구잖아요. 작년에 현수 때문에 힘들어할 때 현수 어머니도 장난 아니라고 하던데…. 현수도 그렇지만 현수 어머니도 많이 바뀌셨네요."

"맞아요. 제가 봐도 처음에 비하면 현수가 진짜 의젓해졌어요. 오늘은 현수 어머니께 감사 인사까지 듣고…. 엄청 뿌듯하네요. 고마워 교실 덕분이란 생각이 들어요. 고맙다, 고맙다 했더니 저에게 돌아오는 느낌?"

"곽 선생님, 멋지세요. 요즘 저희 반 학생들은 체육시간만 다녀오면 서로 고자질을 해서 좀 지치거든요. 예전엔 갈등이 생겨도 금방 해결됐는데 이상하게 최근 들어서는 점점 심해지기만 해요. 어제는 학부모 민원 전화까지 받았다니까요. 스트레스로 위경련이 올 지경이에요."

오 선생은 '고경력 신규'라는 별명에 맞지 않게 의외의 푸념을 늘어놓았다.

"오 선생님, 힘드셨겠어요. 선생님께서 늘 밝아 보여서 그런 줄 전혀 몰랐는데…. 오 선생님은 학생들 이야기를 다 들어 주고 문제를 해결하려 애쓰는 모습만으로도 이미 대단하신 거예요."

"저도 나름 열심히 한다고 하거든요. 그런데 꼬인 매듭이 풀리지 않고 자꾸 엉키는 느낌이에요. 근데 곽 선생님께 오늘 현수랑 현수 어머니 이야기를 들으니까 저도 고마워 교실 한 번 해 볼까 하는 생각이 드네요. 전 사실 이 학교가 3년째라 고마워 교실 연수도 몇 번

들었는데 굳이 해야 할까 했거든요. 우리 반도 고마워 교실 운영을
하면 애들이 좀 덜 싸울까 싶네요. 벌써 10월이긴 한데 너무 늦었을
까요?"

"늦긴요! 그런 말 있잖아요. 늦었다고 생각할 때가 가장 빠른 때
다. 우리 내일 전학공 같이 가요. 김 선생님이 미덕연수 한대요."

곽 선생의 제안에 오 선생이 고개를 끄덕였다.

알면
보인다

"얘들아, 우리 반은 오늘부터 고마워 교실이야."

오 선생은 고마워 교실을 선언했다. 학생들이 3반이 고마워 교실이라면서 웅성거렸다.

"선생님, 3반처럼 고마워 교실 놀이도 하나요? 백일잔치도 하나요?"

"3반 아이들은 자기 반은 고마워 교실이라서 특별하다고 말하던데요."

오 선생은 당황했다. 백일잔치? 전혀 생각지 못한 일이었다. 오 선생은 관심 있게 보지 않았지만 학생들은 3반에서 이루어지는 활동에 관심을 가지고 있었던 것이다.

"고마워!"

오 선생은 '고마워'라는 말을 쓰기 시작했다.

"3반 덕분에 우리 반 친구들도 많이 알고 있구나. 그러면 고마워 교실은 어떤 교실일까요?"

오 선생은 곽 선생에게 배운 대로 질문으로 시작했다. 고마워 교실에 대한 의미를 주고받고 '고마워 100번 말하기'를 학생들에게 선언했다.

"100번요? 그렇게 많이 하실 수 있겠어요?"

"음, 일단 선생님이 먼저 해 볼게. 여러분이 도와주세요. 고마워요."

오 선생은 곽 선생에게 받은 손가락 계수기 숫자를 또 눌렀다. 벌써 두 번 했다. 2반 학생들은 오 선생의 손가락 계수기를 보더니 3반 학생들은 모두 가지고 있다며 자신들에게도 달라고 아우성이었다.

"일단 선생님이 먼저 하고 여러분들도 함께하도록 해요. 이번 주는 선생님을 응원해 주세요. 고마워요."

오 선생은 밝게 웃으며 손가락 계수기를 누르면서 학생들에게 보여 주었다. 학생들의 반응이 뜨거웠다. 덕분에 시작이 수월했다. 옆 반에 고마워 교실이 정착되어 있으니 이미 고마워 에니지가 넘어와 있음을 오 선생은 느꼈다. 곽 선생이 고마웠다. 오 선생의 손가락 계수기는 128이라는 숫자가 찍혔다. 100을 훌쩍 넘겼다.

"곽 선생님, 저 오늘 고마워 100번 성공했어요."

오 선생은 옆 반 곽 선생님 교실 문을 열고 자랑했다. 곽 선생은 그런 오 선생의 모습이 무척이나 귀여웠다. 오 선생 덕분에 곽 선생도 활기가 돌았다. 곽 선생은 하감미소배움터 자료들을 어떻게 활용하면 되는지 알려 주었다. 오 선생은 양 수석이 안내할 때 가입은 해두었지만 한 번도 들어가서 게시글을 읽어 본 적이 없었다. 알면 보인다고 했던가? 오 선생은 누가 한 말인지는 기억나지 않았지만 그 말이 정말 딱 맞는다는 생각을 했다.

"알면 보이고, 보이면 이전에 내가 알던 세상과 다를 것이다."

미덕
자리 바꾸기

오 선생은 자료를 검색하다가 '미덕 자리 바꾸기'라는 것이 있어서 해 보고 싶었다. 곽 선생은 새 학년 첫날에 활용했던 기억을 되살려서 알려 주었다.

"미덕 자리 바꾸기의 핵심은 놀이를 시작할 때 절대로 학생들에게 자리를 바꾼다는 것을 알려 주지 않아야 해요."

"자리를 바꾼다, 짝을 바꾼다라는 말을 하지 말라는 거죠?"

"그래야 학생들이 같이 앉고 싶은 친구를 고르지 않게 되거든요."

"아! 학생들이 그냥 즐겁게 만난 친구가 짝이 되도록…."

오 선생은 머리를 한 대 땅 하고 맞은 기분이었다. 지금까지 자신은 짝을 바꿀 때마다 학생들과 힘겨운 실랑이를 했다. 학생들의 의건을 잘 받아들여서 짝을 바꾸어도 몇몇 학생의 불만은 어쩔 수 없었다. 짝 바꾸는 건 불만이 있기 마련이라고 늘 생각해 왔다.

"존재 그 자체로 somebody가 되어야 한다. 똑같아 보이는 교육 활동도 그 의도가 무엇인가, 어떻게 활동하는가, 순서를 어떻게 나열하는가에 따라 큰 차이를 가져온다. 우리가 아차 하는 순간 어떤 학생을 nobody로 만들 수 있다. 차별과 경멸을 주의해야 한다."

양 수석의 연수 내용이 떠올랐다. 존재함에 대한 강조는 무척 많이 들었다. 하지만 철학과 이론이 교실 현장과 잘 연결되지 않는다고 생각해 왔다. 그런데 고마워 교실의 존재함에 대한 철학은 이렇게 활동으로 연결되어 있었다.

'내가 너무 오만했던가? 아니면 냉소적이었을까? 쓸데없는 아집이 있는 사람이었을까?' 오 선생은 자신에 대해 생각해 보았다. 곽 선생이 설명해 주는 미덕 자리 바꾸기는 단순했다. 미덕 중 빛낸 것과 빛내고 싶은 것을 2개씩 작성하기, 같은 것이 있는 친구를 찾아서 순서대로 줄서기, 그리고 원하는 자리에 앉기로 단순했다. 관건은 얼마나 즐겁게 할 수 있느냐였다. 오 선생은 살짝 기대가 되었다.

"오 선생님, 저희 반은 내일 미덕 필사하기를 하려는데요. 참관 오실래요?"

곽 선생은 2학기 시작할 때부터 학생들에게 미덕 책받침을 나눠주고 수업에 적용해 오고 있다. 1학기에 해 보고 싶었는데 양 수석이 곽 선생에게는 자꾸만 천천히 하라고 했다. 다른 선생님들께는 수업 적용도 알려 주고 적극적으로 활용하라고 하는 것과 상반되었다. 자신에게는 권하지 않은 이유는 아직도 의문이다.

"좋아요. 몇 교시에 하실 건가요? 저는 내일 3교시 수업이 비는데…."

"그 시간으로 조정해서 해 볼게요."

★ 교실 실천 가이드 ★

[29] 미덕 자리 바꾸기 방법

사전에 자리 바꾸기, 짝 바꾸기라는 말을 해서는 안 된다. 학생들이 그저 놀이의 즐거움에 빠져들 수 있도록 한다. 짝이 된다는 사실을 몰라야 학생들은 친구를 선별하지 않고 놀이 자체에 몰입할 수 있다.

공통적인 미덕을 가지고 있는 친구를 찾아서 함께한다는 것은 이미 동질감을 느낄 수 있게 한다. 그리고 그 단어를 선택한 이유를 나누다 보면 즐거움, 기쁨이라는 에너지를 만들 수 있다.

1. 자신이 빛낸 미덕 2개, 빛내고 싶은 미덕 2개 적기
2. (1time) 2분 동안 같은 미덕이 있는 친구 찾기
3. 짝을 찾으며 선착순으로 줄서기 : 같은 미덕을 선택한 이유 말하기
4. (2time) 2분 동안 같은 미덕을 찾아 선착순으로 줄서기
5. (3time) (짝을 찾지 못한 경우) 같은 글자나 초성이 같으면 팀이 되어 줄서기
6. 30초 이내에 각 팀별 원하는 자리에 가서 앉기
7. 자리와 짝 결정 선언하기 : 축하합니다. 여러분이 지금 앉은 자리가 이번 달 자리고 짝입니다. 자신의 물건들을 옮겨 주세요.

미덕 필사
수업 공개

오 선생에게 참관을 오라고 큰소리를 쳤지만 곽 선생은 바로 후회했다.

"교실 수업을 보여 준다는 것이 쉬운 일이 아닌데 왜 그랬을까? 무슨 용기가 생겨서…."

1학기 때 양 수석의 3학년 수업을 참관하러 갔다가 반했던 도덕 수업을 그대로 하는 것이다. 양 수석은 '미덕 필사'라는 단순한 활동으로 도덕적 개념을 익히게 만들었다. 곽 선생은 주변에서 미덕과 관련하여 학급 운영에 활용하는 선생님들을 많이 보았다. 하지만 다들 그다지 성공하지 못한 것 같았고, 번거로워 보여서 선호하지 않았다. 그런데 그날 수업에서 본 미덕은 반짝반짝 빛나는 학습 도구였다. 그래서 곽 선생은 언젠가는 꼭 적용해 보리라 마음먹고 있었다.

"곽 선생님, 이번 시간에 미덕 필사 수업을 하신다면서요? 참관 왔어요. 준비물도 좀 챙겨 왔고요."

"어머, 양 수석님. 어떻게 아셨어요? 오 선생님께 오라고 한 건 데…."

갑자기 등장한 양 수석을 보며 곽 선생은 난감했다. 일이 커지는 느낌이었다.

"'최선의 의미'에 대한 수업을 하실 거죠? 3학년 학생은 연필을 사용하는 게 좋고, 4학년은 볼펜이 좀 더 나을 수 있어요. 연필보다 볼펜이 어렵거든요. 그래서 볼펜도 빌려 드릴 겸 왔어요."

양 수석은 볼펜 2다스를 내밀었다. '미덕 카드, 공책, 연필, 지우개, 색연필'을 준비물로 생각하고 있었다. 3학년 학생들은 연필을 쓰는 게 좋지만 4학년 학생들은 1학기도 아니고 필력이 좋아졌을 것이기에 볼펜 사용을 권했다. '우리 반 아이들은 볼펜을 쓰면 망할 텐데….' 곽 선생은 본인이 의도하던 것에서 벗어난 느낌이라 불안했다.

"여러분, 오늘 우리 반은 미덕 필사를 할 건데요. 3학년 친구들의 작품을 보여 드릴게요."

"우와, 잘 그렸다."

3학년이 쓴 공책을 보여 주었다. 카드 양면 중 앞면과 뒷면을 각각 한 페이지에 나누어 만든 것을 보고 감탄했다. 3학년 학생들이 최선을 다해 만든 공책들이었다. 이미 진행한 학생들의 자료가 있으니 설명을 많이 하지 않아도 되어 편리했다. 이번에는 6학년 작품을 보여 주었다. 감탄이 쏟아져 나왔다.

"3학년은 연필, 지우개, 색연필을 사용했고요. 6학년은 볼펜, 색연필을 사용했어요. 우리는 4학년인데 연필을 하는 게 좋을까요? 볼펜을 하는 게 좋을까요?"

"볼펜으로 도전할래요."

곽 선생은 미소를 짓고 볼펜을 나누어 주었다.

"이제는 미덕 카드를 뽑을 건데요. 이 카드는 여러분들의 수호신이 되어 줄 겁니다. 마음속으로 에너지를 모아 뽑아 주세요."

학생들이 어찌나 진지하게 카드를 뽑는지 참관하고 있던 오 선생과 양 수석은 절로 웃음이 지어졌다. 볼펜으로 글을 써야 하기 때문에 학생들의 긴장도는 높아 보였다. 카드 글자 하나하나 허투루 볼 수 없었다. 틀리면 수정액으로 지워야 하는데 그러면 얼룩이 너무 많이 생기기 때문에 조심해 달라고 곽 선생은 거듭 당부했다. 필사는 천천히 진행되었다. 팔이 아픈지 중간중간 팔을 터는 학생들도 보였다. 1차시 수업으로는 부족했다. 곽 선생은 이미 연차시로 구성하여 진행하고 있었다. 오 선생은 아쉽지만 1시간 참관으로 마무리했다.

"학생들 작품이 다 되었어요? 수업 마무리는 어떻게 하는 거예요?"

학생들이 하교하자마자 오 선생은 곽 선생 교실로 달려왔다. 공책을 살펴보니 감정과 미덕에 대한 수업이 이어졌음을 알 수 있었다. 학생들의 감정도 재미있었다. 글을 쓸 때는 힘듦, 짜증, 지루함, 답답함의 감정이었다. 아이들은 솔직했다. 팔이 너무 아팠고, 볼펜으로 쓰는 것이 힘들었다는 것이다. 마무리를 하고 나서는 뿌듯함, 자랑스러움, 멋짐과 같은 긍정적 감정이 적혀 있었다. 자신이 빛낸 미덕 찾기에서는 인내, 초연, 목적의식, 탁월함 등 다양한 미덕을 찾아 공유한 것이 보였다.

오 선생이 놀란 것은 4학년 학생들이 쓴 '최선'에 대한 배움 글쓰기였다.

"최선은 힘들고, 짜증나고, 지루해도 끝까지 완성해서 얻는 기쁨이고 자랑스러움이라는 것을 알게 되었다."

도덕적 가치를 어떻게 가르치고 있을까? 오 선생은 자신의 수업에 대해 고민하게 되었다.

"곽 선생님, 저도 이 수업 바로 해 볼래요. 정말 좋아요. 고마워요."

[30] 미덕 필사하기 '최선의 의미' 수업

미덕 필사 수업은 단순히 글씨 쓰는 활동이 아니다. 최선을 다하는 삶의 태도를 기르는 실천 수업이다. 최선은 힘들어도 끝까지 완성했을 때 느끼는 기쁨이다. 글씨를 반듯하게 정성들여 쓰기 위해서는 인내와 노력이 필요하다. 학생들에게 글씨가 뇌의 흔적임을 알리고 최선을 다하는 태도를 통해 인생도 바뀔 수 있다는 것을 알려 주자.

1. 공책 준비 및 예시 작품 제시하기

미덕 필사를 위한 공책과 학생들에게 보여 줄 예시 작품을 준비한다. 다양한 예시 작품을 통해 학생들의 이해를 높이고 동기를 부여한다.

2. 미덕 울타리 치기

미덕 필사를 하는 동안 자신이 빛낼 미덕을 고르고 짝대화, 아이엠그라운드 활동으로 전체가 공유한다.

3. 미덕 카드 뽑고 미덕 필사하기

오늘 자신에게 주어진 행운의 미덕 카드를 뽑고 미덕 카드의 앞뒷면을 모두 필사한다. 미덕 필사를 하는 동안 조용하고 차분한 분위기에서 활동에 집중하여 정성껏 글씨를 쓰도록 안내한다. 천천히, 정성껏, 꼼꼼하게 글씨를 쓰도록 친절히 격려한다.

4. 색연필로 꾸미기

• 색연필로 글자 위에 색칠하지 않도록 주의한다.

• 색연필로 연하게 각자의 느낌을 담아 꾸미되 여백의 미가 드러나도록
한다.

5. 마무리 : 최선의 의미 알고 배움 글쓰기

• 여러분은 지금까지 최선을 다해 무언가를 해 본 적이 있나요?

• 최선과 그냥 열심히 하는 것의 차이는 무엇일까요?

• 최선을 다할 때 그 과정에서 어떤 감정들이 드나요? 힘들었던 점은 무엇
인가요?

• 글씨를 또박또박 정성껏 쓰는 것도 최선을 다하는 일일까요? 왜 그렇게
생각하나요?

미덕을 필사하며 빛낸 자신의 미덕과 이유를 찾고 짝대화로 나눈다. 그리
고 자신이 배우고 느낀 점을 배움 글쓰기로 정리하며 최선의 의미에 대해
내면화하는 기회를 제공한다.

긍정마법 주문
THE 예쁜 말

"곽 선생님 반과 우리 반의 차이는 뭘까요? 우리 반은 실패 같아요."

"오 선생님, 실패는 없어요. 하나의 과정인 거죠."

곽 선생은 오 선생의 모습이 1학기 때 일희일비하면서 양 수석에게 말하던 자신의 모습과 닮았다고 생각했다. 곽 선생 반에서 본 학생들이 최선을 다하는 모습과 열정이 오 선생 반에서도 그대로 이어질 줄 알았는데 그렇지 못했다.

"아직 고마워 샤워가 부족해서 그런 거 아닐까요?"

"제가 처음 시작할 때 양 수석님이 고마워 샤워에만 집중하고, 우리 반의 긍정 언어를 만들어서 같이 쓰라고 하셨어요. 이른바 고마워 교실 언어죠."

"곽 선생님 칠판에 붙어 있는 10개 단어 말하는 거죠? 그냥 학생들에게 알려 주는 게 아닌가 봅니다."

"좋은 단어 찾는 놀이를 하고, 10개를 선정해서 사용하기로 하는데요. 저는 하감미소배움터에서 배운 단어를 그대로 가져왔어요. 많은 선생님께서 다양한 시행착오를 거쳐서 선별하신 거라 학생들이 선정한 것보다 좋더라고요. 그래서 학생들이 긍정 언어를 만들 때 저도 하나씩 첨가를 했어요."

"어머! 곽 선생님도 센스쟁이네요. 저도 그렇게 해야겠어요."

곽 선생은 The 예쁜 말 놀이를 소개해 주었다. 힘을 주는 3글자, 행복을 주는 4글자, 행운을 주는 5글자. 이렇게 학생들과 함께 좋은 단어들을 찾아보는 수업이었다. 하감미소배움터에서 다른 선생님이 적용한 사례들을 함께 보면서 이야기를 나누었다. 오 선생의 환한 표정을 보면서 곽 선생도 나눔을 해 줄 수 있는 자신이 좋아졌다.

★ 교실 실천 가이드 ★

[31] 긍정 마법 주문 - 3글자 좋은 말, 4글자 좋은 말, 5글자 좋은 말

1. 도입 : 5글자 예쁜 말 노래 부르기

2. 3글자로 된 힘을 주는 말은? (짝과 함께 찾기 - 아이엠그라운드 놀이로 공유)

소중해, 좋아해, 함께해, 같이해, 재밌어, 웃겼어, 사랑해, 고마워, 괜찮아,

감사해, 응원해, 힘을 내, 격려해, 대단해, 멋져요, 힘내요, 덕분에, 놀아요, 친해요, 신나요, 행복해, 즐거워, 시원해, 상쾌해, 이해해, 미안해, 최고야, 화이팅, 괜찮아, 멋져요, 예뻐요, 기대해, 행복해, 훌륭해, 또 하자, 신난다 등

3. 행복 에너지를 만드는 4글자? (짝과 함께 찾기 - 아이엠그라운드 놀이로 공유)

사랑해요, 고마워요, 든든해요, 참 좋아요, 네가 좋아, 보고 싶어, 이해한다, 기분 좋다, 신이 난다, 상쾌하다, 행복하다, 믿음직해, 넌 든든해, 할 수 있어, 너뿐이야, 미안하네, 고마워요, 상쾌해요, 훌륭하다, 신기하다, 그렇구나, 그랬구나, 함께하자, 같이하자, 같이 놀자, 함께 웃자, 토닥토닥, 수고했어, 네가 좋아, 참 다정해, 소중해요, 진짜 멋져 등

4. 5글자 행운을 만드는 예쁜 말은? (짝과 함께 찾기 - 아이엠그라운드 놀이로 공유)

네가 참 좋아, 너라서 좋아, 언제나 함께, 항상 고마워, 우리 같이해, 지금 해 보자, 힘들었겠다, 이제 괜찮아, 넌 할 수 있어, 창의적이야, 넌 대단하군, 정말 좋아해, 자랑스러워, 아이디어 굿, 너는 소중해, 나도 소중해, 정말 멋지군, 고마워 교실, 고마워 친구, 고마워 짝지, 사랑합니다, 고맙습니다, 행복하세요, 감사합니다, 너그럽구나, 아름다워요 등

5. 우리 반 고마워 교실 단어 10개 선정하기 (칠판에 써 두고 학생들이 자주 볼 수 있게 하기)

고마워, 좋아 좋아, 미안해, 괜찮아, 다시 하면 돼, 도와줄까, 도와줄래, 감동이야, 멋지네, 함께하자 등

칭찬이 아닌
칭찬 단어

"오 선생님, 제 말을 오해하지 않고 들어 주시면 좋겠어요."

곽 선생은 조심스럽게 말을 꺼냈다. 순간 오 선생이 눈썹을 살짝 추켜올리며 웃었다.

"어머, 곽 선생님! 절 뭐로 보시고, 저 오해하고 그런 사람 아닙니다. 말씀하세요."

곽 선생은 마음이 놓이면서도 여전히 조심스러웠다. 오 선생은 학생들 칭찬의 달인이었기 때문이다. 아이들에게 '칭찬봇'이라고 불릴 정도로 스스럼없이 칭찬하고, 그 미소는 학생들이 가장 좋아하는 '치트키' 같았다. 반면 곽 선생은 고마워 미소를 연습하며 조금씩 만들어 가야 하는 사람이었다.

"저도 사실 이 부분을 고치려고 노력을 많이 했어요. 그래서 드리는 말씀인데요. 오 선생님, 학생들에게 칭찬할 때 '잘했다'나 '최고다' 같은 말을 자주 쓰시죠?"

오 선생은 잠시 멈칫하더니 웃으며 대답했다.

"그야, 애들이 그 말을 들으면 얼마나 좋아하는데요! 솔직히 하도 하다 보니 이제는 습관이 되어 버렸죠. 고마워 교실 진행할 때 제가 좀 유리한 부분이라고 생각했는데…."

곽 선생은 잠시 숨을 고르며 결론으로 바로 들어갔다.

"그런데요, 오 선생님. 혹시 '잘했다'라는 말이 정말 아이들을 위한 말인지, 아니면 우리 교사가 그냥 칭찬할 말이 없어서 던지는 습관인지 생각해 보신 적 있나요?"

"그게 무슨 말씀이세요? 잘했다고 해 주면 애들이 기뻐하잖아요."

"맞아요. 그런데요, '잘했다'는 칭찬과 '고마워'는 다른 의미를 가질 수 있어요. '잘했다'는 결과를 보고 평가하는 말이고, '고마워'는 아이들의 존재 자체와 그 학습의 과정을 인정하는 말이에요. 고마워 샤워의 핵심도 거기에 있어요."

오 선생은 약간 놀란 표정으로 고개를 끄덕이며 대답했다.

"그러니까… 결과를 평가하기보다는 존재를 인정하고 과정을 칭찬하라는 말씀이시군요?"

"맞아요! 저도 예전엔 '잘했다', '최고야'를 많이 썼거든요. 인식을 하는데도 여전히 말하게 돼요. 그래서 '잘했다'라고 말하고 나면 빨리 '고마워'라고 한 번 더 말하곤 해요. 요즘은 정말 많이 줄었어요."

오 선생은 이내 고개를 끄덕이며 활짝 웃었다.

"곽 선생님, 또 한 번 제가 배웠네요. 고마워요! 저도 연습, 또 연습해 보겠습니다."

"고마워요, 오 선생님! 괜한 오지랖인가 싶어 살짝 조심스러웠는데…. 고마워 샤워는 저도 여전히 매일 연습 중이랍니다. 오 선생님이 함께해 주니 정말 든든해요."

<★ 가정 실천 가이드 ★>

[★8] 잘못된 칭찬에서 벗어나기

자녀를 칭찬하는 것은 아이의 자존감을 키우고 긍정적인 성장의 밑거름이 된다. 하지만 칭찬도 방법에 따라 자녀에게 다양한 영향을 미칠 수 있다. 올바른 칭찬은 자녀의 행동을 강화하고 스스로의 가치를 발견하게 한다.

1. 구체적으로 칭찬하기
"멋지다. 최고야."(x) 같은 막연한 칭찬보다 "오늘 숙제를 제 시간에 끝냈구나. 열심히 해 줘서 고마워."(○)와 같이 구체적으로 칭찬하면 자녀가 자신의 행동을 정확히 인지하는 데 도움이 된다.

2. 과정과 노력 칭찬하기
결과보다 과정에 대한 칭찬은 자녀가 실패를 두려워하지 않고 어떤 일이든 도전할 수 있는 용기를 준다.
예) "1등 했으니 잘했어!"(x) → "끝까지 포기하지 않고 노력한 모습이 정말 멋졌

어."(○)

3. 자주 작은 일도 칭찬하기

특별한 일이 아닌 사소한 행동이라도 자주 긍정적 피드백을 하자. 자녀에게 정서적 안정감과 자신감을 심어 준다.

4. 내면적 가치 칭찬하기

외모, 행동뿐 아니라 자녀의 성격이나 가치관을 칭찬하면 자녀가 자신을 더 사랑하고 긍정적 자아 개념을 형성하는 데 도움이 된다.

5. 칭찬 후 포옹하거나 미소 짓기

언어적 칭찬에 비언어 표현(포옹, 미소, 쓰다듬기)을 더하면 더 큰 효과를 얻을 수 있다.

주의점

1. 비교는 절대 금물

자녀만의 고유한 장점을 인정하고 칭찬해야 한다. 비교는 자녀의 자존감을 낮추고, 상대와의 경쟁에서만 가치를 찾게 할 수 있기 때문이다.

예) "옆집 아이보다 잘하네!"(×) → "너만의 독창적인 생각이 정말 좋구나."(○)

2. 과장된 칭찬 혹은 칭찬 남용하지 않기

지나치게 과장된 칭찬은 자녀에게 비현실적인 기대를 주거나 칭찬에 의존하는 태도를 심어 줄 수 있다.

예) "넌 정말 천재야!"(×) → "이번 문제를 스스로 푼 모습이 정말 대단했어."(○)

3. 행동이 아닌 존재를 비난하지 않기

칭찬과 비판을 섞을 때 자녀의 존재 자체를 비난하지 않도록 주의한다.

예) "넌 왜 이렇게 게으르니?"(×) → "이 부분은 조금 더 노력해 보자. 고마워!"(○)

4. 과도한 보상 기대 심지 않기

칭찬이 물질적 보상과 연결되면 자녀는 보상을 위해 행동하게 된다.

예) "잘했으니 장난감 사 줄게."(×) → "네 노력 덕분에 모두가 행복했어. 정말 고맙다."(○)

마음속
두 마리 늑대

"선생님, 친구들이 긍정 언어를 안 써요."

또 고자질이다. 오 선생은 고마워 교실을 선언할 때만 해도 모든 문제가 금방 해결될 것 같았다. 오 선생이 학급 운영에서 불편했던 지점은 아직도 변화가 보이지 않았다. 오 선생이 습관화되어 있는 '잘했어', '최고야'가 문제가 아닐까 하는 생각도 하게 되었다.

"수석님, 학생들에게 어떤 수업을 하면 좋은 단어를 많이 쓰게 할 수 있을까요?"

오 선생은 답답한 마음에 양 수석에게 메시지를 보냈다. 바로 답이 왔다.

"선생님, 5교시에 제가 수업해도 될까요?"

완전 감사한 일이다. 너무 좋아서 곽 선생에게 알려 주었다. 함께 공부하면 더 좋을 것 같았다. 양 수석은 5학년 도덕 교과서에서 '마음속 두 마리 늑대' 부분을 복사해 왔다. 자세히 보니 마지막 부분은 지워져 있었다. 양 수석은 학습지를 나눠 주고 학생들이 까만놀이를 통해서 글을 읽고 질문을 만들게 했다.

자유롭게 수업이 바로 시작되었다. 학생들이 스스로 학습하는 동안 양 수석은 칠판에 큰 빙하를 그렸다. 물 위에 올라온 부분은 아주 작고, 물 아래는 거대했다. 빙하는 나 자신이다. 윗부분에는 '작은 나', 아랫부분에는 '큰 나'라고 적었다. 눈에 보이는 것은 아주 작고 보이지 않는 부분이 아주 크다라고 설명해 주었다.

"여러분, 두 마리 늑대는 작은 나에 살까요? 큰 나에 살까요?"

"큰 나."

"오, 정답, 큰 나에 살고 있죠. 두 마리 늑대는 언제 죽을까요?"

"우리가 죽을 때 죽어요."

"맞아. 이 둘은 아무리 나누어도 절대 죽지 않는단다. 우리 마음속에 있어서 그래. 멋지게 찾았네. 고마워."

아이들은 큰 나가 마음이라는 것을 인식했는지 두 마리의 늑대가 그곳에서 살고 있다고 말했다. 그런데 양 수석의 질문은 언제 죽는가였다. 생각지 못한 질문이었다. 더 놀란 건 아이들의 답이었다. 양 수석의 질문이 이어졌다.

"이 두 마리 늑대는 우리 마음속에서 매일 싸운단다. 그럼 누가 이길까? 짝이랑 이야기 나눠 볼래?"

아이들은 두 마리의 늑대가 마치 선과 악 같다고 했다. 선이 이긴다, 천사가 이긴다, 아니다, 악이 힘이 세기 때문에 무조건 이긴다, 뉴스에 보면 나쁜 사람들이 많은 건 악이 이겼기 때문이다 등 다양한 이야기를 나누었다.

"여러분 두 마리 늑대는 선과 악은 아니고요. 한 마리의 늑대는 사랑, 희망, 믿음 등을 상징하고, 또 다른 늑대는 증오, 질투, 두려움을 상징한답니다."

곽 선생과 오 선생은 아이들의 대화가 흥미로웠다. 두 사람도 어느 쪽이 이기는지에 대한 이야기를 나누었다.

"여러분, 누가 이길까요? 정답은… 여러분이 먹이를 많이 주는 쪽이 이긴답니다."

곽 선생이 자신은 어느 쪽에 먹이를 주고 있을까 생각하고 있을 때 한 학생의 재치 있는 말이 들려왔다.

"수석선생님, 먹이를 많이 주면 돼지 되어서 못 이겨요."

우하하 학생들의 웃음소리가 커졌다.

"맞는 말이다. 그래서 먹이를 세 끼 잘 주고 운동도 시켜 줘야 힘이 세지겠지. 밥 한 번 먹는다고 힘이 세질까요?"

"아니요. 꾸준히 운동해야 하고, 밥도 살 먹어야 해요."

"좋아요. 그러면 여러분 마음속 늑대들의 먹이는 뭘까요?"

양 수석은 학생들이 늑대의 먹이가 될 말, 태도, 생각, 감정 등을 찾아낼 수 있도록 했다. 절대로 죽지 않는 늑대 두 마리. 자신이 주는 먹이가 무엇인가에 따라 원하는 늑대를 키울 수 있다. 곽 선생과 오 선생은 학생들이 아니라 자신들이 배움을 얻고 있다는 사실을 깨달았다.

"사랑과 믿음의 늑대 먹이는?"

"고마워, 사랑해, 괜찮아, 미안해, 소중해, 참 좋은 생각이야…."

교실은 금방 시끌벅적해졌다. 이야기를 나누는 학생들의 얼굴에도 웃음꽃이 피었다.

★ 교실 실천 가이드 ★

[32] 〈마음속 두 마리 늑대〉 수업안

1. 도입 : 질문 만들기

인디언 추장의 「두 마리의 늑대」 이야기를 읽고 질문 만들기

· 마음속에 왜 두 마리의 늑대가 살까?

· 마음속 늑대는 누가 이길까?

2. 전개 : 이끎 질문에 따른 생각 꺼내기

· 두 마리 늑대가 사는 곳 : 큰 나, 마음속, 무의식

· 두 마리의 늑대는 언제 죽는가?

  – 굶겨도 절대 죽지 않는 불사조이다. 나 자신이 사라지기 전에는 죽지 않고 언제든지 살아날 수 있다.

· 두 마리의 늑대는 매일 싸우는데 누가 이기는가?

  – 학생들의 자유토론을 통해서 선과 악, 천사와 악마를 대비하여 대화를 나눈다.

– 먹이를 많이 주는 쪽이 이긴다.(교사 설명)

· 늑대의 먹이는? 말, 생각, 감정 등

· 믿음의 늑대는 어떤 먹이를 먹을까?

　– 3글자, 4글자, 5글자 예쁜 말, 행복한 생각, 친절한 태도

· 두려움의 늑대 먹이는?

　– 욕설, 비속어, 비방, 거짓말 등

3. 내면화 : 배움 글쓰기

수업 시간에 배운 것을 글로 작성하여 학습에 대한 내면화 시간을 준다. 먹이는 삼시세끼 지속적으로 주어야 하고 계속적인 노력이 필요함을 느끼게 해 준다.

4. 수업 시 주의점

· 흰 늑대, 검은 늑대로 구분하지 않도록 한다. 흰 것은 선하고, 검은 것은 악하다는 고정관념을 가질 수 있으므로 주의한다.

· 부정적 감정, 슬픔, 괴로움들이 무조건 두려움의 늑대 먹이라고 생각하지 않도록 한다. 감정은 그 자체로 소중하다는 걸 알려 주어야 한다. 감정을 느끼는 것과 그 감정을 표출하는 방식의 문제점을 확실하게 알려 주어야 한다.

12~2월

환대,
다시 시작하다

고마워 교실의
온기

"아이엠그라운드 고마워 챌린지 짝짝 100번, 짝짝 150번….."

복도에 스치는 12월의 찬바람과 달리 박수 소리와 아이들의 목소리는 교실에 따뜻한 에너지를 불어 넣었다. 아이엠그라운드 놀이로 자신이 오늘 고마워를 몇 번 말할지 선언하는 중이었다. 학기초만 해도 5번, 10번 등의 숫자를 말했지만 어느 순간부터 100번대로 올라갔다.

"짝짝 300번."

현수가 300번이라고 숫자를 올리자 호준이가 500번을 선언했다. 곽 선생이 마지막으로 100번을 외쳤다.

"우와! 다들 대단해요. 모두들 자신이 설정한 목표를 달성하길….

화이팅!"

아이엠그라운드 활동에 걸린 시간은 단 40초. 모두가 자신의 도전을 선언했다. 학생들은 사물함 위에 놓인 손가락 계수기를 가지고 왔다. 고마워 챌린지가 시작되었다.

"고마워."

"내가 더 고마워."

"책상아, 고마워. 네 덕분에 공부를 할 수 있네."

"고마워, 고마워, 고마워."

학생들이 각양각색의 모습으로 고마워 챌린지를 이어 갔다. 소심했던 은지는 처음엔 50번만 하겠다고 했다가 친구들의 웃음소리에 힘을 얻어 숫자를 올렸다.

"선생님, 저도 100번으로 늘려도 돼요?"

평소 말수가 적던 은지는 창문 밖 나무에게도, 자신의 연필에게도 조용한 목소리로 고마움을 전했다. 그러다가 옆자리 친구를 바라보며 살짝 용기를 내기도 했다.

"현수야, 체육 시간에 내 앞의 공 잡아 줘서 고마워."

쉬는 시간에 학생들이 곽 선생을 둘러쌌다.

"선생님, 고맙습니다. 감사합니다."

곽 선생은 학생들의 장난스러운 '고맙습니다'가 좋았다. 학생들의 밝음이 좋았다. 아이들의 얼굴에는 자신감이 피어나고 있었다. 단순한 놀이처럼 보였지만, 이 순간 아이들은 자신의 가치를 발견하고 있었다. 서로에게 고마움을 전하는 동시에 자신도 소중한 존재임을 깨닫는 것이다. 역시 가장 중요한 것은 사람에 대한 존중, 그것이 기본이구나.

곽 선생은 지금까지 고마워 교실을 했던 시간들을 돌이켜 보았다. 처음 교사의 고마워 샤워부터 고마워 미소, 고마워 기지개, 고마워 쓰기, 고마워 알림장까지…. 처음 연수를 듣고 의욕에 불타올랐다가 금세 좌절했던 3월이 떠올라 웃음이 나왔다. 한순간에 잘하고 싶었지만 그런 일은 결코 일어나지 않았다. 수많은 실패가 있었다. 하지만 하나하나 차근차근 하다 보니 지금까지 올 수 있었다는 생각이 들었다.

호준이와 현수가 호들갑스럽게 웃는 소리가 들렸다.

"나는 벌써 120번이다. 하하하."

"나는 벌써 130번이야. 하하하."

고마움이
습관이 되다

학년이 마무리될 즈음, 곽 선생은 교실에서 예상치 못한 광경을 목격했다. 쉬는 시간에 몇몇 학생이 장난을 치다가 말다툼이 붙었다. 처음엔 분위기가 험악해질 것 같았지만, 민지가 갑자기 손을 들고 외쳤다.

"아, 안 돼! 욕했으니까 '고마워' 20번 해야 돼!"

옆에 있던 학생들도 맞장구쳤다.

"맞아! 얼른 시작해!"

서로 장난스러운 표정으로 "고마워, 고마워, 고마워…"를 연달아 외치기 시작했다. 처음엔 마지못해 하던 학생도 점점 웃음을 터뜨리며 따라 하기 시작했다.

곽 선생은 조용히 지켜보았다.

이제 학생들은 비속어를 쓰면 자연스럽게 긍정적인 언어로 전환하는 방법을 알고 있었다. 누군가 억지로 시킨 것이 아니라 고마워 언어 규칙을 즐겁게 실천하고 있었다. 한 해 동안 실천했던 작은 변화들이 학생들 속에 자리 잡은 것을 느꼈다. 강요하지 않아도, 가르치려 하지 않아도 교실의 언어가 스스로 정화되고 있었다.

곽 선생은 그 모습을 바라보며 미소를 지었다.

'아, 이 교실은 정말 단단해졌구나.'

고마워와 환대,
그리고 교실 혁명

"고마워 교실 학년말 마무리 활동은 어떤 것이 좋을까요?"

오 선생과 곽 선생은 하감미소배움터의 게시물에서 찾아보기로 했다. 마무리 활동이어서 그런지 감사 편지 사례가 제일 많았다.

"곽 선생님, 게시글을 읽다 보니 환대라는 말이 많이 나오거든요. '고마워'와 '환대'는 어떤 관련이 있는 건가요? 솔직히 저는 이해가 잘 안 돼요."

"오 선생님은 궁금함이 많고 질문도 잘하시고 멋져요. 저는 그렇게 깊이 있게 생각하지 않고 다들 하시니까 따라 했어요. 김 선생님한테 물어보러 갈까요?"

학년말 마무리 활동도 물어볼 겸 곽 선생과 오 선생은 김 선생 교실로 찾아갔다. 마침 양 수석과 김 선생이 대화 중이었다. 곽 선생과 오 선생은 대환영을 받으며 함께 자리했다.

"고맙다의 의미가 뭔지 아세요?"

"존재에 대한 고마움?"

오 선생의 애교 어린 대답에 다들 웃음꽃이 피었다.

<고맙다>

- 남이 베풀어 준 호의나 도움 따위에 대하여 마음이 흐뭇하고 즐겁다.

- 고맙다는 '존경하다, 공경하다'의 의미를 갖는 '고마ㅎ다'의 '고마'와 관련되어 있을 것으로 보아 '고맙다'를 '고마'와 접미사 '–ㅂ–'이 결합된 것으로 추정하기도 한다. (국립국어원 누리집사전)

"'고마'는 순 우리말인데요, 존경과 공경의 의미를 담고 있는 단어지요. 우리가 누군가에게 '고마워'라고 말할 때 자연스럽게 존경과 존중의 의미를 담게 됩니다. 단어가 주는 힘이 있잖아요."

양 수석의 말에 곽 선생은 자신도 모르게 고개를 끄덕였다. 올 1년 동인 '고마워'라는 말을 많이 쓰면서도 무심결에 예의에 어긋난 행동을 할 수 있었는데 그걸 알아차리는 데 도움이 많이 되었다.

"어머나! 저 이제 알았어요. 그래서 '고마워'군요."

"고마워의 의미가 존경, 공경, 존중이니 이 단어만 말해도 상대에 대한 공감과 도움과 친절이 다 되는 것이었군요. 그러니 당연히 환대가 되는 것이고요. 유레카!"

오 선생이 갑자기 큰소리로 말해서 다들 오 선생을 바라보았다.

"정말 '고마워'라는 말은 유레카지요? 그래서 우리가 '교실 혁명'이라고 하는 거잖아요."

양 수석은 오 선생을 흐뭇하게 바라보며 미소 지었다.

"고마워 교실의 긍정 언어 10개는 공감, 도움, 친절이라는 추상적 개념의 단어가 아니라 일상에서 살아 움직이게 해 주는 것이네요. 와우, 멋진 고마워 교실이네요. 진짜 교실 혁명입니다."

오 선생이 감탄하며 한 말은 곽 선생의 무지를 깨우쳐 주는 듯했다. 오 선생을 고마워 교실로 안내했지만 정작 곽 선생은 고마워 교실의 활동을 환대와 연관 지어 생각해 본 적이 없었다. 앞서 열심히 하신 분들이 좋다고 하니까, 또 좋은 수업들을 만들어 제시해 주었으니 모방했고 몸에 익히려 했다. 그냥 그분들이 좋아서 함께해 왔다. 곽 선생은 오 선생이 고마웠다.

"오 선생님은 질문도 잘하시고, 어떤 활동에 대한 원리나 숨어 있는 이면을 파악하는 능력이 좋네요."

"어머, 곽 선생님, 부끄럽게 왜 그러세요? 저를 좋게 봐 주셔서 고맙습니다. 고마워! 고마워!"

오 선생은 곽 선생에게 고맙다며 계속 '고마워'를 외쳤다.

학년말
마무리 활동

"오 선생님, 퀴즈 한 번 맞혀 보실래요?"

"무슨 퀴즈죠?"

"오늘 저희 반에서 한 해 동안 기억에 남는 날, 행복한 날 이야기 나누기를 했거든요. 1등이 뭘까요? 24명 학생 중에 9명이나 이 날을 선택했어요."

"곽 신생님 반에는 백일잔치를 했으니 그게 제일 많이 나왔을까요? 아니면 이번에 학년 체육대회가 인기 있었으니…."

"놀라지 마세요. 우리 반 1위는 저는 상상해 본 적도 없는 날이에요."

"빨리 말해 주세요. 궁금해요."

"새 학년 첫날."

오 선생도 깜짝 놀랐다. 어떻게 1년이 지났는데 새 학년 첫날을 기억할 수가 있었나? 얼마나 강렬했으면 학생들이 행복한 기억으로 가져갈 수 있었을까? 곽 선생은 그날 첫날 프로그램을 알려 주신 양 수석이 너무도 고마웠다.

"우리는 경험자아와 기억자아로 이루어져요. 시간이 지나면 경험은 자신이 어떻게 기억했는가로만 남게 되지요. 어떻게 기억하는가가 우리의 삶을 행복하게 해 주기도 하고 불행하게 하기도 해요. 학생들의 경험을 긍정적인 기억으로 남기기 위해서 노력해야겠지요."

처음 연수 때 양 수석의 말이 떠오르는 듯했다. 곽 선생의 올해는 어떤 기억으로 남을까? 나의 경험을 긍정적인 결과로 만드는 것은 나의 몫이다.

★ 교실 실천 가이드 ★

[33] 고마워 교실 마무리 활동 : 학생들과 함께하는 감사의 시간
고마워 교실을 마무리하는 시점은 학생들과 한 해를 돌아보고, 감사의 마음을 함께 나누는 소중한 기회이다. 이 마무리 활동은 학생들에게 감사의 마음을 되새기고 교실을 따뜻한 추억으로 기억하게 하는 데 도움을 준다.

1. 한 해 동안 가장 기억에 남는 행복한 날
올 한 해 동안 가장 기억에 남는 일이 무엇이며 어떤 고마움이 있었는지 찾는 활동이다.

① 아이엠그라운드 활동을 통해 1년 중 기억에 남는 일을 공유한다.

② 다양한 활동 중에서 하나를 골라 감사한 이유를 찾아 짝과 대화한다.

③ 글로 작성하여 교실에 게시한다.

2. 나에게 편지 보내기(겨울방학 중 배달되도록)

① 고마워 교실을 통해 자신이 변화하고 성장한 모습을 자기 자신에게 보내는 편지 쓰기

② 편지를 봉투에 담아 가져가고, 겨울방학 중에 우편으로 보내어 가정에서 받아서 읽어 볼 수 있도록 한다.

3. '친구야, 고마워!' 릴레이

1년 동안 함께해 온 친구에 대한 고마움을 전하는 활동이다.

① 학기말을 앞둔 2주 전에 시작한다. 학급 인원수를 고려하여 시기를 조절한다.

② 상자에서 '친구야, 고마워' 종이를 꺼낸다.

③ 종이에 적혀 있는 이름의 친구에게 고마움을 적어서 게시판에 붙인다.

④ 해당 게시판의 '친구야, 고마워' 종이에 이름이 적힌 친구가 상자에서 종이를 꺼낸다.

⑤ 3번과 4번을 반복한다.

4. 감사함 전달하기

① 학교에 대한 고마움 : 시설물, 교육 혜택 등을 인식하게 해 주기

② 선생님에 대한 고마움 편지 쓰기 : 담임선생님과 다른 선생님들께 고마움의 편지 쓰기

함께하면
더 커지는 고마움

겨울의 차가운 공기가 창밖에 머물러 있지만, 곽 선생의 마음은 한 해를 돌아보며 따뜻함으로 가득했다. 고마워 교실로 채워진 시간 속에서 학생들과의 소소한 순간들이 떠올랐다. 웃고, 배우고, 때로는 어려운 순간도 있었지만 감사라는 작은 씨앗이 아이들 마음속에서 자라나는 것을 보며 곽 선생은 스스로 교사로서 성장했음을 느꼈다.

'고마움이란 나 혼자서 느끼는 감정이 아니라 함께 나누며 더 커지는 마음이구나.'

곽 선생은 이 감정을 학부모들과도 공유하고 싶었다. 학부모님들은 항상 묵묵히 아이들을 지원해 주고, 학교의 다양한 활동에 관심과 애정을 보여 주셨다. 교사와 학부모가 함께 아이들의 성장을 돕는 공동체라는 사실을 다시금 깨달으며 감사 편지에 마음을 담았다.

★ 교실 실천 가이드 ★

[34] 학기말 고마워 알림장

학부모님께

한 해 동안 고마워 교실을 통해 아이들은 감사의 마음을 배우고, 자신과 주변 사람들에게 고마운 점을 찾는 연습을 해 왔습니다. 처음에는 어색해하던 아이들이 점차 자연스럽게 "고마워"라는 말을 건네며 서로를 격려하고 도와주는 모습은 참으로 감동적이었습니다. 이 모든 변화는 학부모님께서 가정에서 아이들에게 보내주신 사랑과 관심이 있었기에 가능했습니다.

고마워 교실의 힘은 단순한 감사 표현을 넘어섭니다.

아이들은 자신이 사랑받고 있음을 느끼고, 그 감정을 다른 사람에게 나누며 더욱 큰 기쁨을 경험합니다. 감사의 실천은 아이들의 자존감을 키우고, 긍정적인 관계를 형성하며, 스스로를 소중히 여기는 마음을 길러 주었습니다. 저는 고마워 교실이 학교에서만 끝나는 활동이 아니길 바랍니다. 학부모님께서도 가정에서 아이들과 함께 감사의 순간을 나누신다면, 아이들에게는 더 큰 성장의 기회가 될 것입니다.

가정에 건강과 행운, 행복이 함께하시길 기언합니다. 고맙습니다. 감사합니다.

– 담임교사 곽○○ 드림

[★9] 감사로 키우는 자녀 교육법

고마워 교실을 마무리하며, 가정에서도 아이들과 함께 감사의 실천을 이어 갈 수 있도록 몇 가지 자녀 교육 방법을 안내한다.

1. 하루 한 가지 감사 나누기
매일 저녁 식사 후 또는 잠들기 전에 가족끼리 돌아가며 그날 가장 고마웠던 일을 한 가지씩 이야기해 본다. 자녀가 하루를 긍정적으로 마무리하며 감사의 습관을 지속할 수 있다. 또한 가족 간에 소통이 활발해지고 유대감이 깊어진다.

2. 자녀의 작은 노력에도 고마움을 표현하기
자녀가 숙제를 스스로 끝냈거나 방을 정리했을 때 "네가 이렇게 노력해 줘서 엄마(아빠)가 정말 고마워."라고 구체적으로 말해 준다. 자녀는 자신의 행동이 긍정적으로 인정받고 있음을 느끼며, 더 큰 동기와 자존감을 얻게 된다.

3. 감사 일기 함께 쓰기
부모님과 자녀가 함께 감사 일기를 쓰고 서로의 내용을 공유한다. 주말마다 한 주간의 감사한 일을 함께 돌아보는 시간을 가져도 좋다. 부모와 자녀가 감사의 순간을 공유하며 서로의 생각을 이해하고 관계가 더욱 돈독해진다.

4. 갈등 상황에서도 긍정적인 표현 사용하기
갈등이 생길 때 "왜 이렇게 했어?"보다는 "이렇게 해 줘서 고마웠는데, 다음에는 이렇게 해 주면 더 좋을 것 같아."라는 식으로 긍정적인 표현을 사용한다. 자녀는 꾸중 대신 인정받고 있다는 느낌을 받으며, 부모와의 대화를 편안하게 느낄 수 있다.

5. 주변 사람들과 함께 감사 나누기

자녀와 함께 주변 사람들에게 감사의 마음을 표현하는 시간을 가져 본다. 예를 들어, 이웃에게 작은 선물을 전하거나, 친척들에게 감사 편지를 쓰는 활동도 좋다. 자녀는 감사의 마음이 가정뿐 아니라 세상으로 확장될 수 있음을 배우고, 긍정적인 사회성을 기르게 된다.

감사는 단순한 말이 아니라 마음과 마음을 이어 주는 강력한 힘이다. 가정에서 부모님의 따뜻한 관심과 실천은 아이들이 평생 감사의 태도를 유지하는 데 큰 밑거름이 될 것이다.

교사 성장의
밑받침

올해 마지막 전학공 시간. 곽 선생은 오 선생과 함께 회의실로 향했다.

"고마워 교실을 10월이라도 시작하길 잘했다는 생각을 해요. 곽 선생님, 정말 고마워요."

"오 선생님이 함께해 주신 덕분에 제가 큰 힘을 얻었어요. 제가 더 고마워요."

서로가 서로에게 고맙다고 인사를 했다. 곽 선생은 10월쯤 교실이 잘 운영되고 있다고 느껴지는 순간부터 '고마워'라는 말이 줄어들고 있었다. 고마워 샤워가 3월만큼 되지 않았다. 그때 오 선생 덕분에 다시 열정이 되살아난 것이다. 오 선생에게 잘 전달하려다 보니 곽 선생이 고마워 교실을 더 열심히 펼치게 된 것이다.

"오 선생님, 열심히 하시더니 벌써 성과가 있군요?"

"솔직히 말씀드리면 학생의 변화보다 교사인 제 자신의 변화가 커요."

"우와, 너무 궁금해요! 어떤 변화가?"

곽 선생과 오 선생의 수다는 여기서 멈췄다.

"따뜻한 차 한 잔 하세요."

카모마일 차를 끓여서 김 선생이 들고 왔다. 김 선생다웠다. 곽 선생은 다른 이들에게 하나라도 더 나눠 주고 싶어 하는 김 선생을 볼 때마다 신기했다. 저 성품은 타고난 것일까? 만들어진 것일까? 곽 선생은 궁금해졌다.

"올해의 전학공 마지막 시간이네요. 2주마다 이루어지는 전학공 시간이 쉽지만은 않으셨을 텐데요. 그래도 이렇게 1년이라는 시간을 함께해 주셔서 고맙습니다."

양 수석의 인사말처럼 곽 선생은 1년이라는 시간을 어떻게 계속할 수 있었는지 스스로도 신기했다.

<곽 신생>

저희 반 호준이에게 고마워 교실은 어떤 의미일까 생각해 보았어요. 첨단 기술이 호준이에게 수많은 정보를 제공할 수는 있어도, 그 아이의 내면에 자신감과 용기를 심어 줄 수는 없었을 거라고 생각합니다. 호준이에게서 아직 거친 말들이 쏟아져 나오긴 하지만 그 아이의 눈빛이 얼마나 밝고 따뜻해졌는지 저는 느낄 수 있거든요. 교직 15년 경력 중 가장 큰 변화를 맞이했어요. '교실 혁명'이 딱 맞는 말이더라고요. 존재에 대한 '고마워'가 가져온 교실 혁명을 저도 느낄 수 있어서 행복한 시간이었습니다. 함께해 주신 선생님 모두 고맙습니다. 특히 김 선생님께 감사해요. 도움도 많이 주시고, 나눔도 많이 해 주시고, 오늘도 차를 준비해 주시고요. 감사드려요.

일제히 박수를 쳤다. 다들 곽 선생에게 엄지척을 해 보였다. 곽 선생의 표정도 밝았다. 김 선생이 이어서 말했다.

"어머나! 저 칭찬받았나요? 곽 선생님, 저도 감사해요. 오늘 준비해 온 차는 고마워 교실의 가장 핵심인 '환대'를 실천한 것뿐이에요. 저도 양 수석님의 환대를 보고 배웠어요. 삶의 실천으로 노력 중인데 알아봐 주시는 곽 선생님이 더 멋지신데요. 고맙습니다."

고마워 교실의 철학 '환대'.

곽 선생은 처음 시작할 때 배웠던 기억을 되살렸다. 학급 운영에서만이 아니라 삶에서 고마워 교실을 실천하는 것이 존경스러웠다. 양 수석이 곽 선생을 바라보며 미소 지으며 말했다.

"곽 선생님도 오 선생님을 위한 환대를 실천하셨잖아요. 10월에 오 선생님의 고민을 들어 주시고 함께 길을 가자고 손잡아 주시고, 자료 나눠 주시고, 더없는 환대를 해 주셨잖아요."

"어머나, 맞아요. 그러고 보니 제가 곽 선생님의 환대 덕분에 이렇게 성장했네요. 고맙습니다."

오 선생이 벌떡 일어나서 곽 선생에게 90도로 인사를 했다. 모두의 웃음소리가 회의실을 채웠다.

<오 선생>

저의 MBTI는 ENFP인데요. 좀 자유로워요. 제가 세운 계획이 틀어진다고 해서 불편해하지 않고요. 그 자체를 즐기는 편이거든요. 학생들의 문제 행동을 봐도 '그럴 수 있지.'라고 생각해요. 그래서인지 '오 선생은 참 긍정적이야.'라는 말을 많이 들어요. 교직에 대한 만족도가 다른 사람들에 비해서 높은 편이에요. 저의 성격 덕분인지 교직 생활이 힘들다고 생각해 본 적이 없어요.

그런데 '고마워'라는 말을 많이 쓰지 않는다는 걸 고마워 교실을 운영하면서 알았어요. 나라는 사람에 대한 생각을 많이 하게 되었어요. 아직 고마워 교실의 운영에 대해서 잘 모르긴 하지만 교육 활동에서 사람과 사람이 어떻게 만나야 하는지 알게 된 것 같아요. 내년에 더 열심히 해 보겠습니다.

오 선생의 이야기를 들으며 김 선생은 '사람과 사람이 만나는 교육, 그것이 환대여야 한다는 것, 그래서 흰수와 호준이가 변했을까?' 하는 생각을 다시 했다.

"그런데 내년에도 이걸 잘 이어 갈 수 있을지 걱정이에요. 뭔가 더 전문성을 갖춰야 할 것 같기도 하고요."

오 선생은 이미 내년을 생각하고 있었다. 김 선생은 따뜻한 눈빛으로 말했다.

"그래서 우리 전학공이 있는 거잖아요. 교사가 혼자 다 할 수는 없어요. 연수도 듣고, 책도 읽고, 서로의 경험을 나누며 성장하는 거죠. 하나씩 하다 보면 어느새 길이 보일 거예요. 내년에도 고마워 교실을 하시면서 또 다른 걸 시도해 보세요. 질문 수업도 좋고요. 마침 전학공에서 겨울방학 연수를 준비하고 있답니다. 하하, 부담 드리려는 건 아니고요."

"어머 겨울방학에 연수도 하는군요. 저도 이번에는 제대로 배워 보고 싶어요. 곽 선생님, 같이하실 거죠?"

오 선생은 곽 선생을 끌어들였다. 곽 선생도 얼떨결에 자의반 타의반 참여하겠다는 의사를 밝혔다.

'하루아침에 완벽한 교사가 될 수는 없지. 작은 실천을 지속하다 보면 나도 아이들도 더 성장할 수 있을 거야. 고마워 교실이 내 첫걸음이었다면, 내년에는 이걸 바탕으로 더 넓은 가능성을 찾아야지.'

곽 선생은 창밖의 겨울 햇살을 바라보며 미소 지었다.

[35] 교사 성장을 위한 가이드

"교사는 매일 학생들을 가르치지만, 그 과정에서 가장 많이 배우는 사람은 교사 자신입니다."

고마워 교실은 단순히 아이들에게 감사와 자존감을 가르치는 프로그램이 아니다. 교사로서 자신을 돌아보고 아이들과 함께 성장하는 과정 그 자체이다.

1. 모든 걸 잘하려고 하지 마라. 하나를 선택하고 지속하자.

"망했다는 것은 하다가 그만두는 것이다. 하나라도 지속한 사람은 성공이다."

교사로서 우리는 한꺼번에 모든 것을 잘하고 싶어 한다. 그것은 욕심일 뿐이다. 한 번만에 모든 것을 할 수 없다. 처음 고마워 교실을 시작할 때 고마워 샤워, 고마워 기지개, 고마워 미소, 고마워 쓰기 등 다양한 시도를 한꺼번에 하려다 실패하는 경우가 많다. 중요한 것은 하나라도 꾸준히 지속해서 그것을 몸에 체득하는 것이다.

2. 교사의 성장은 학생과 함께 이루어진다.

"고마워 교실은 교사와 학생이 함께 배우고 성장하는 과정이다."

교사는 모든 것을 완벽히 준비해서 아이들에게 전달해야 한다는 압박감을 느낄 때가 많다. 하지만 진정한 성장은 아이들과 함께 배우고, 시행착오를 경험하며 이루어지는 것이다. 학생들의 작은 변화에서 감동을 느끼고, 그 변화가 교사의 교육적 방향성을 다시 잡아 주는 나침반이 된다.

3. 전문적학습공동체의 힘을 믿어라.

"교사가 혼자 다 할 수는 없다. 서로의 경험을 나누며 함께 성장하자."

혼자 고민하고 해결하려 애쓰지 말자. 교사 간의 협력과 공유는 고민을 덜어 주고, 새로운 시도를 위한 용기를 준다. 전문적학습공동체, 독서 모임, 연수 등 다양한 협력의 장을 활용하자.

4. 고마워 교실을 통해 '사람'을 먼저 생각하자.

"교실은 기술로 채워질 수 있지만, 사람의 마음은 기술로 가르칠 수 없다." 디지털 교과서와 AI 튜터가 보편화된 시대에 교사의 역할은 더욱 중요해졌다. 기술은 학습 도구일 뿐 아이들의 마음에 자신감과 자존감을 심어 주는 것은 교사의 몫이다. 교실에서 학생들에게 감사의 실천과 따뜻한 관심을 보여 주며, 교육의 본질을 기억하자.

5. 자신만의 속도로 성장하자.

"교사의 성장에는 정답이 없다. 하지만 노력하고 연찬하며 학생들을 사랑하는 마음은 정답이다."
모든 교사가 같은 방식과 속도로 성장할 필요는 없다. 고마워 교실을 3월부터 시작하든, 4월부터 시작하든, 5가지 스킬을 모두 사용하든, 고마워 샤워만 실천하든, 중요한 건 교사의 지속적으로 성장하려는 의지와 학생들을 향한 사랑이다. 자신의 속도를 존중하며, 책을 읽고, 연수를 듣고, 아이들과 함께 실천하며 조금씩 앞으로 나아가자.

고마워 교실은 교실 혁명을 이루는 작은 씨앗이다. 이 씨앗은 교사와 학생 모두의 마음속에 뿌리를 내리고 자란다. 학생들의 감사와 자존감을 키우는 과정에서 교사도 스스로를 사랑하고 존중하게 된다. 어떤 순간이든 학생들은 교사를 보고 배운다.

호준이의
또 다른 시작

교실 창가에는 겨울 햇살이 부드럽게 내려앉고, 차가운 바람이 복도 너머로 지나가고 있었다. 종업식 날, 곽 선생은 한 해 동안 함께했던 아이들을 한 명씩 배웅하며 미소 지었다.

"얘들아, 한 해 동안 정말 고생 많았어. 건강히 겨울방학 잘 보내고 멋진 5학년 되길 바라. 고마워!"

아이들은 웃으며 "선생님, 고마워요!"를 외치고 교실을 떠났다. 어느새 교실은 조용해졌고, 곽 선생은 남아 있는 서류들을 천천히 정리하고 있었다. 그때 문가에서 작은 목소리가 들렸다.

"선생님…"

호준이가 천천히 곽 선생에게 다가왔다. 그의 얼굴에는 쑥스러움과 긴장이 뒤섞여 있었다.

"어? 호준아, 아직 안 갔어?"

"고맙습니다. 선생님 반이어서 감사했습니다."

호준이는 꾸벅 인사를 했다. 동시에 책상 위에 작은 쪽지를 올려
두고 빠르게 교실 밖으로 나갔다. 곽 선생은 대답할 새도 없이 나가
는 호준이의 뒷모습을 바라보았다.

선생님, 안녕하세요? 저 호준이에요. 처음에 전학 왔을 때 잘 챙겨
주셔서 고맙습니다. 제가 말썽을 피우고 심한 장난을 쳐도 항상 고
맙다고 해 주시는 걸 본받고 싶어요. 선생님 덕분에 4학년이 좋았
습니다. 고맙습니다.

— 호준 올림

"선생님 반이어서 감사했습니다."라는 호준이의 어른스러운 말과
쪽지는 곽 선생의 가슴을 뭉클하게 했다. 전혀 생각지 못한 일이었
다. 올해 내내 곽 선생의 마음속에 자리했던 호준이의 모습들이 스
쳐 지나갔다. 호준이가 처음 전학 오던 순간부터 백일잔치 때 있었
던 사건, 호준이가 처음으로 감사 일기를 따라 쓰던 날과 형과의 갈
등으로 힘들어했던 날, 그리고 밝은 모습으로 친구들과 어울리던 모
습까지… 곽 선생은 변화하고 성장한 호준이에게 마음 깊이 고마움
을 느꼈다. 스스로를 돌봐 주고 믿어 준 호준이가 정말 대견했다.

'내가 가르친 게 아니라 함께 배운 거였구나. 고마워 교실은 결국

이 한마디를 위해 존재했는지도 몰라.'

호준이의 편지를 읽고 고마워 교실을 처음 접했던 연수가 떠올랐다. 학생은 '고마워'를 배운 적이 없다. 학년을 마칠 때 학생이 '고맙습니다' 한마디를 해도 교사는 성공한 것이다.

"나, 성공했구나."

곽 선생은 자신도 모르게 읊조렸다. 마음속에 지난 1년이 스쳐 지나갔다. 미소초에 전근 올 때만 해도 곽 선생은 교실에서 무사안일주의를 추구했다. 초임시절의 불타는 열정은 사라졌고 사고 없는 하루가 최고의 하루라는 것이 곽 선생의 모토였다.

이제 매너리즘에 빠졌던 곽 선생은 더 이상 없다. 물론 현수와 호준이의 변화도 큰 몫을 했지만 더 큰 깨달음은 나머지 학생들 덕분이었다. 호준이가 물통을 쏟았을 때 달려나와 열심히 치워 주던 지현이, 여름방학 내내 감사 일기를 성실히 써 왔던 민철이, 가정에서의 감사 프로젝트로 고마워 서포터즈의 역할을 톡톡히 해 냈던 민지까지…. 곽 선생과 함께 고마워 교실을 채워 준 학생들 덕분에 행복한 한 해가 만들어졌다는 생각이 들었다.

'완벽한 교사가 되려 하지 말자. 아이들과 함께 배우면서 성장하면 돼. 다음 학년도 또 다른 아이들과 새로운 고마움을 나누겠지. 그리고 언젠가 또 누군가가 고맙습니다라고 말할 때, 그 순간이 내가 교사로서 가장 행복한 순간이라는 걸 잊지 말자.'

곽 선생은 텅 빈 교실을 둘러보며 조용히 속삭였다.

"정말 고마웠다, 애들아. 너희가 선생님에게 큰 배움이었어."

[36] 고마워 교실 300일 여정

첫 사이클(3~6월)

1. 3월 : 교사의 고마워 선언, 고마워 샤워로 학생들에게 고마워 교실을 노출하는 시기다.

2. 4~6월 : 학생들이 고마워 스킬을 배우는 시기다. 학생들과 함께하는 고마워 샤워, 고마워 미소, 고마워 기지개, 감사 일기 같은 기본적인 스킬들을 도입하며 학생들과 함께 연습한다. 초보자라면 욕심내지 말고 가능한 것 먼저 한두 가지를 시도하며 익숙해지면 점점 늘려 간다.

두 번째 사이클(6~9월)

3. 고마워 교실 백일잔치를 기점으로 두 번째 사이클이 시작된다. 학기말까지 긍정 에너지가 지속되게 하는 동시에 다가오는 방학을 준비한다.

4. 여름방학 동안 가정에서도 감사의 실천이 이어지도록 감사 일기 쓰기, 고마워 챌린지 등의 방학 과제를 제시한다.

5. 2학기 개학 후 학생들이 1학기에 익힌 고마워 스킬이 자연스럽게 다시 스며들도록 교사가 모범을 보인다.

마지막 사이클(10~2월)

6. 지금까지 배운 고마워 스킬을 다시 반복하며 심화한다. 중요한 것은 반복과 지속이다. 대단한 기법이 아니라 꾸준함이 성공을 부른다.

7. 1년 동안의 고마움을 찾아내고 새로운 시작을 위한 고마움을 미리 발견한다.

고마워 교실의 모든 스킬은 한 번의 연습으로 끝나는 것이 아니라 매 사이클마다 학생들의 성장에 맞춰 반복되고 점진적으로 깊어진다. 학년이 마무리되는 시점까지 교실이 긍정 에너지로 흐를 수 있게 한다.

보물지도

행복한 성장의 긍정 교실 시스템

· **3월 : 긍정 교실의 시작**

새 학년 첫날 프로그램	
고마워 교실 선언하기	3월[3]
고마워 교실 노래 부르기	자료방
교사 미소 장착하기	3월[4]
숫자놀이로 소개하기 : 교사와 학생 소개 기법	3월[2]
친교놀이 : 공통점놀이, 까주놀이	자료방
협동놀이 : 종이컵 or 실내화 놀이	6월[18]
미덕놀이로 짝 구성하기 미덕놀이로 자리 배치하기	10~12월[29]
미덕으로 삼각이름표 만들기 - 초간단 A4 마술쇼로 즐거움 만들기	자료방

교사 고마워 교실 5 스킬 익히기	
고마워 알림장	4~5월[8], 7~8월[24], 12~2월[34]
고마워 샤워	3월[7]
고마워 미소	3월[4]
고마워 기지개	4~5월[12]
고마워 쓰기	6월[20], 4~5월[15]

교실 약속 만들기	
우리 반 인사법	3월[1]
책상 정리 놀이	3월
경청 연습하기	3월
존중의 의미 몸으로 배우기	3월
단호함을 위한 교실 약속 정하기	3월[6]

긍정 아침 활동	
긍정 확언	3월[5]
아침 감사 일기	6월[20]

상담 스킬 익히기	
학부모 상담 스킬	4~5월[13], 6월[21]
공감 스킬	4~5월[14]
전학생 상담	6월[16]

자료방
(가렌더 / D-day / 노래 가사 / 긍정 확언 PPT 등)

• 4~5월 : 학생 고마워 스킬 익히기

고마워, 말이 교실을 바꾼다		
지속 반복적 활동	교사 고마워 5 스킬	3월[7], 3월[4], 4~5월[12], 6월[20], 4~5월[15], 4~5월[8]
	교실 존중 약속 확인	3월
	까바놀이로 갈등 해결	9월[26]
고마워 샤워(친구에게)		4~5월[9]
고마워 샤워(교사에게)		4~5월[10]
고마워 미소		4~5월[11]
고마워 기지개		4~5월[12]
5월 가정의 달		4~5월[15]
실내 협동놀이		6월[18]
호흡 명상		7~8월[22]

• 6월 : 고마워 교실 100일! 새로운 에너지 UP

백일간의 성장, 긍정을 당기다		
지속 반복적 활동	교사 고마워 5 스킬	3월[7], 3월[4], 4~5월[12], 6월[20], 4~5월[15], 4~5월[8]
	교실 존중 약속 확인	3월
	까바놀이로 갈등 해결	9월[26]
고마워 교실 백일잔치		6월[17]
소감 나누기(내면화)		6월[19]
감사 일기		6월[20]
실내 협동놀이		6월[18]
호흡 명상		7~8월[22]

• 7~8월 : 방학에도 고마움을 키우자

방학, 부모가 선생님이다		
지속 반복적 활동	교사 고마워 5 스킬	3월[7], 3월[4], 4~5월[12], 6월[20], 4~5월[15], 4~5월[8]
	교실 존중 약속 확인	3월
	까바놀이로 갈등 해결	9월[26]
호흡 명상		7~8월[22]
방학 감사 챌린지		7~8월[23]
방학 전·중·후 고마워 알림장		7~8월[24]

• 9월 : 교실 시스템 구축하기

교실 시스템, 긍정 학생을 만든다		
지속 반복적 활동	교사 고마워 5 스킬	3월[7], 3월[4], 4~5월[12], 6월[20], 4~5월[15], 4~5월[8]
	교실 존중 약속 확인	3월
	까바놀이로 갈등 해결	9월[26]
스포트라이트 고마워 샤워		9월[25]
고마워 서포터즈		9월[27]
고마워 챌린지		9월[28]

• 10~11월 : 고마워 교실 깊어지기

미덕, 배움을 더하다			
지속 반복적 활동	교사 고마워 5 스킬	3월[7], 3월[4], 4~5월[12], 6월[20], 4~5월[15], 4~5월[8]	
	교실 존중 약속 확인	3월	
	까바놀이로 갈등 해결	9월[26]	
미덕 자리 바꾸기		10~11월[29]	
미덕 필사		10~11월[30]	4월부터 적용 가능
긍정 마법 주문 The 예쁜 말		10~11월[31]	
마음속 두 마리 늑대		10~11월[32]	

• 12~2월 : 안녕은 또 다른 시작

환대, 다시 시작하다		
지속 반복적 활동	교사 고마워 5 스킬	3월[7], 3월[4], 4~5월[12], 6 월[20], 4~5월[15], 4~5월[8]
	교실 존중 약속 확인	3월
	까바놀이로 갈등 해결	9월[26]
고마워 교실 마무리 활동		12~2월[33]
소감 나누기(내면화)		6월[19]
감사 일기		6월[20]
실내 협동놀이		6월[18]

단단하고 다정한 학급의 비밀

학생 고마워 스킬 익히기	
고마워 샤워(친구에게)	4~5월[9]
고마워 샤워(교사에게)	4~5월[10]
고마워 미소	4~5월[11]
고마워 기지개	4~5월[12]
아침 감사 일기	6월[20]
스포트라이트 고마워 샤워	9월[25]
고마워 서포터즈	9월[27]
고마워 챌린지	9월[28]

미덕 활용	
미덕 자리 바꾸기	10~11월[29]
미덕 필사	10~11월[30]
미덕 활용 수업	자료방

교육 활동	
5월 가정의 달	4~5월[15]
고마워 릴레이 말하기	6월
백일잔치	6월[17]
실내 협동놀이	6월[18]
방학 감사 챌린지	7~8월[23]
호흡 명상	7~8월[22]
갈등해결사, 까바놀이	9월[26]

학교자율시간 활동 계획(15차시)

단원명	단원 성취 기준	차시	학습 목표	차시 주제	차시 내용	책 위치
1. 우리 반은 고마워 교실입니다.	고마워 교실의 의미를 알고, 고마워 교실 구성원으로서 정체성을 확립한다.	1	고마워 교실의 의미를 알 수 있다.	고마워 교실 선언	• 우리 반은 고마워 교실입니다. • 왜 고마워 교실일까? • '고마워' 단어가 가진 높은 에너지 값 살펴보기	3월 [3]
		2	'고마워 교실' 노래에 담긴 의미를 생각하며 즐겁게 부를 수 있다.	고마워 교실 노래	• 노래 듣고 흥얼거리기 • 가사 따라 말하기 • 가사에서 마음에 드는 부분 찾기 • 즐겁게 노래 따라 부르기	
		3	고마워 긍정 확언을 통한 긍정적 마인드를 가질 수 있게 한다.	고마워 교실 긍정확언	• 다양한 긍정 확언 문구 살펴보기 • 고마워 교실에 적합한 문구 만들기 • 우리 반 긍정 확언 만들기 • 아침 활동 시간에 소리 내어 읽기	3월 [5]
		4	고마워 교실의 인사법을 알고 말할 수 있다.	고마워 인사	• 고마워 교실의 인사법은? • 등교했을 때? • 수업 시간에는? • 학교 마치고 하교할 때?	3월 [1]
2. 내 안에 빛나는 미덕	자신과 친구에게 미덕이 존재하고 있음을 알고 모두가 소중한 존재임을 안다.	5	자신 안에 미덕이 존재하고 있음을 알 수 있다.	내 이름에 들어있는 미덕 보석	• 내 이름을 이루고 있는 자음과 모음은? • 이름자마다 들어있는 미덕은? • 내 이름 속 소중한 미덕은? • 이름을 미덕으로 소개하기	
		6	과자로 만든 미덕 글자를 통해 미덕이 달콤하고 좋은 것임을 느낄 수 있게 한다.	과자로 만드는 미덕 글자	• 짝과 협동하여 과자로 미덕 글자 만들기 • 우리 반 친구들이 함께 빛내고 싶은 글자 만들기 • 짝과 협력 방법을 의논하여 제한 시간 내에 만들기	
		7	미덕놀이를 통해 미덕이 즐겁고 행복한 것임을 느낄 수 있다.	미덕 숨은고개 놀이	• 친구의 미덕을 2개 찾아 얼굴에 스티커 붙이기 • 스무고개놀이로 질문하여 자신의 미덕 알아맞히기 **짝이동 활동** • 얼굴에 붙은 미덕을 공책에 붙이고 자신 속에 들어있는 미덕 확인하기	

		8	미덕 필사를 통해서 미덕의 의미와 생활 속 실천 의미를 이해할 수 있다.	미덕 필사	• 내가 빛내고 있는 미덕 카드 1개 선택하기
					• 미덕 카드 필사하기
					  - 정성을 들여서 최선을 다해서 옮겨 적기
					  - 미덕의 의미를 그림으로 표현하기
					  - 내가 빛낸 미덕 전시하기
						10~11월
						[30]

3. 큰 나를 키우는 말과 표정	내 안에 있는 큰 나의 존재를 알고, 큰 나를 키우는 말과 행동을 실천하려는 자세를 가진다.	9	내 안에 큰 나(의식)와 작은 나(무의식)가 있음을 알 수 있다.	의식(작은 나)과 무의식(큰 나)	• 큰 나와 작은 나에 대한 생각 질문
					  - 엄마와 약속한 매일 숙제하기 실천이 왜 어려울까?
					  - 게임은 안 하려고 하는데 왜 또 하게 될까?
					• 큰 나에는 무엇이 쌓일까?
						10~11월
						[32]

		10	두 마리의 늑대를 통해 믿음의 늑대의 힘을 기르기 위한 먹이를 찾을 수 있다.	믿음의 늑대와 두려움의 늑대	• 큰 나에 사는 두 마리 늑대 이야기 • 어떤 늑대가 이길까? 그 이유는? • 내가 키우고 싶은 늑대는?(고마워 교실의 늑대는?) • 어떤 먹이를 주어야 할까?	10~11월 [32]

		11	자신을 성장하게 하는 말과 표정을 할 수 있다.	고마워 교실의 늑대 먹이	• 믿음의 늑대의 말과 태도는?
					  - 짝대화 공유 수집
					• 두려움의 늑대의 말과 태도는?
					  - 짝대화 공유 수집
					• 나의 늑대에게 주고 싶은 것은?
						10~11월
						[32]

		12	좋은 말이 많음을 알 수 있다.	3글자, 4글자 '좋아' 놀이	• 3글자, 4글자, 5글자 좋은 말 • 힘이 되는 고마워 교실의 말 10개 만들기	10~11월 [31]
4. 나를 키우는 고마워 교실	성장한 자신의 모습을 보고 자신감을 가질 수 있다.	13	자신이 빛낸 미덕을 알아차리고 성장의 의지를 가질 수 있다.	미덕의 날개	• 학기 동안 내가 빛낸 미덕 찾아 이야기 나누기 • 더 빛내고 싶은 미덕 찾기 • 나의 모습에 미덕 날개 달기	
		14	고마워로 성장한 자신에게 축하할 수 있다.	축하하기	• 짝에게 고마움 전하기 • 하이파이브하며 고마워 교실에서 행복하게 지낸 것을 축하하기 • 선생님께 감사함 전하기 • 스스로에게 감사함 전하기	
		15	고마워 교실 1학기 마무리 잔치를 통해 고마움을 전할 수 있다.	1학기 마무리 잔치	• 고마워 교실 학기 마무리 잔치 계획하기 • 잔치에 초대하고 싶은 고마운 사람 떠올리기 • 잔치 초대장 만들고 전달하기	6월[17], 12~2월 [33]

'고마워'로 만드는
행복한 교실

양경윤 곽 선생님, 고마워 교실을 운영하면서 가장 인상적인 부분은 무엇인가요?

곽초롱 "선생 새끼 때문에….", "선생님, 저 끝까지 포기하지 않는다고 해 주셔서 고맙습니다." 같은 학생의 입에서 나온 전혀 다른 2가지 말이 떠오르네요. 이 변화의 순간들이 여전히 생생합니다. 그 학생한테서 마지막 말을 들었을 때의 떨림이 아직도 기억납니다.

양경윤 와우! 멋진데요. 같은 학생 입에서 나온 말이라는 게 믿어지지 않네요.

곽초롱 저에게 대놓고 욕을 하던 학생이었는데요. '선생 새끼'라는 말을 들었을 때는 정말 무너질 것만 같았습니다. 하지만 힘들 때마다 고마워 교실은 학생을 바꾸기 위한 것이 아니라 저를 바꾸기 위한 선택이라는 것을 기억하려고 노력했습니다.

양경윤 맞아요. 교실의 진정한 변화는 학생이 아니라 교사 자신으로부터 시작해야 하는 거지요.

곽초롱 7~8년 전의 저는 '문제 학생'을 고치려 했고, '힘든 아이'를 변화시키려 했습니다. 고마워 교실을 시작하고 나서 사실 새로운 사람이 된 것은 제가 아닌가 싶습니다. '고맙다'는 말을 건네기 무척 어려운 순간에도 그 말을 하기 위해 노력했던 시간이 저를 조금씩 변화시키고 성장시켜 온 것 같아요.

양경윤 마지막으로 하고 싶으신 말은?

곽초롱 무엇보다 저와 함께 '고마워 교실'을 만들어 가며 저를 성장시켜 준 우리 반 아이들에게 깊은 감사를 전하고 싶습니다. 또한 지금 이 순간에도 어딘가에서 최선을 다하고 계신 선생님들께 이 책이 작은 응원이 되었으면 합니다. 수석선생님께서도 한마디 해 주신다면?

양경윤 교실에서 마주하는 희망과 행복 이외에도 좌절과 실패가 있을 수 있습니다. 그러나 '고마워'의 힘을 믿고 행복한 성장을 이루시길 바랍니다. 이 책이 대한민국의 모든 교실에 작은 희망이 되길 바라며 읽어 주셔서 감사드립니다. 고맙습니다.

고마움으로 물들어 가는 교실을 꿈꾸며

양경윤, 곽초롱